FRAUEN DES JAHRES

INHALT

GRUSSWORT VON NATASCHA HOFFNER 6

VORWORT VON ANASTASIA UMRIK 10

VORWORT VON PROF. HEIDI STOPPER 16

VORWORT VON ANDREA WASMUTH 22

Barbara Schlyter 28
Anne Bicking 36
Julia Koch 44
Heike Mahmoud 52
Deborah Hüller 60
Fabiana von Bock 68
Nicole Gargitter &
Dr. Clara Kronberger 76
Gudrun Mühlbacher 84
Stephanie Harrer 92
Hanieh Fattahi 100
Sylvie Ries 108
Prof. Dr. Elke Wolf 116

124 Malika Mataeva
132 Antje Staffa
140 Swantje Napp
148 Sonja Lindenberger
156 Katharina Ellermann
164 Elke Müller
172 Sabine Hertel
180 Anke Odouli
188 Liz Fendt
196 Silvia Wiesner
204 Katherine Boesen
212 Melanie Brockmeyer

SERVICE 222

UNTERNEHMENSVERZEICHNIS 238

IMPRESSUM 240

GRUSSWORT
NATASCHA HOFFNER

GRÜNDERIN DER MESSE.ROCKS GMBH
UND INITIATORIN VON HERCAREER

Mit übergroßer Freude und nicht weniger Stolz stelle ich Ihnen heute unser erstes Buch über weibliche Karrieren vor. Es ist ein Werk, das mir persönlich sehr am Herzen liegt. Hier gewähren 24 bemerkenswerte Frauen Einblicke in ihren beruflichen Werdegang. Sie liefern inspirierende Geschichten über ihre Erfolge, ohne jedoch ihre Rückschläge und Niederlagen unter den Teppich zu kehren.

„Die Welt braucht mehr Frauen in Führungspositionen, in allen Branchen und auf allen Ebenen." Mit dieser Idee habe ich mich vor acht Jahren selbstständig gemacht – eine Plattform zu schaffen, die Frauen mit Unternehmen zusammenbringt, die bewusst nicht auf Frauen verzichten wollen und es auch nicht können. Mir ging es gleichzeitig darum, Frauen in ihrem beruflichen Umfeld zu unterstützen und zu ermutigen. Und ein „Zuhause" zu schaffen für Menschen, die einander Türen öffnen, Empfehlungen aussprechen und Chancen ermöglichen. Über alle Hierarchieebenen und Branchengrenzen hinweg.

Inzwischen ist die Erkenntnis gereift, dass es für eine diversere Arbeitswelt nicht nur das Engagement von Frauen selbst braucht. Es braucht vielmehr das Zusammenspiel von Wirtschaft und Gesellschaft. Alle müssen am gleichen Strang ziehen, um bessere Voraussetzungen zu schaffen. Denn leider sind wir im Bereich Geschlechtergerechtigkeit noch lange nicht so weit, wie wir es eigentlich sein möchten. Nach wie vor herrschen in unserer Gesellschaft und damit auch in der Arbeitswelt unbewusste Vorurteile vor, die sogenannten Unconscious Bias. Sie sind die Motivation für mein Herzensprojekt, das Sie nun in Händen halten.

Illustrieren lassen sich diese Vorurteile vielleicht am einfachsten mit einem kleinen Rätsel, das die Agentur Mindspace mit 22 Menschen unterschiedlichen Alters und aus unterschiedlichen Kulturkreisen durchgeführt hat: Ein junger Mann wird von seinem Vater zu einem

Vorstellungsgespräch für einen Job bei einem großen Börsenunternehmen gefahren. Als sie gerade auf dem Parkplatz der Firma ankommen, klingelt das Handy des Sohnes. Es ist der CEO der Firma, der sagt: „Viel Glück mein Sohn, du schaffst das." Man fragt sich unweigerlich: Wie kann das sein? Warum sollte der Vater ihn anrufen, wo der doch neben ihm sitzt? Die Teilnehmenden konnten das Rätsel nicht lösen. Dabei ist die Antwort so einfach: Der CEO ist seine Mutter.

Und obwohl Unternehmen mehr denn je dafür tun, die Arbeitswelt diverser zu gestalten, zeigt das Beispiel, dass weder fein formulierte Leitlinien noch Investitionen in Förderprogramme für Female Leadership fruchten können, solange die Barrieren im Kopf weiter existieren. Diese unbewussten Vorurteile beeinflussen, ob und wie Frauen angestellt, gefördert und befördert werden. Inzwischen wissen wir aus der Forschung, dass Menschen bevorzugt Personen ins Unternehmen holen und fördern, die ihnen ähnlich sind. Das geschieht nicht aus böser Absicht, sondern weil Rollenbilder und Stereotype gesellschaftlich verankert sind. Doch der Effekt ist der gleiche. Obwohl Gleichberechtigung heute eigentlich eine Selbstverständlichkeit sein sollte, handeln wir häufig anders. Leider auch wir Frauen. Fast 90 Prozent der Weltbevölkerung hat laut dem „Gender Social Norms Index" der Vereinten Nationen Vorurteile gegenüber Frauen. Richtig gelesen! 90 Prozent bedeutet tatsächlich, dass ebenfalls viele Frauen Vorurteile gegenüber Frauen haben. Das ist auch nicht weiter verwunderlich, denn von Kindesbeinen an bekommen wir Verhaltensweisen mit auf den Weg, die sich später – egal ob Mann oder Frau – nicht ohne Weiteres abschütteln lassen. Dabei wäre es in der Praxis mitunter so einfach, mehr Gleichberechtigung zu erreichen. Die Verhaltensökonomin Iris Bohnet von der Harvard Kennedy School in Cambridge zieht hierzu gern ein simples Beispiel heran: Seit renommierte amerikanische Orchester hinter einem Vorhang vorspielen lassen, werden deutlich mehr Frauen eingestellt. Hier reichen also ein paar Meter Stoff für

99
Die Welt braucht mehr Frauen in Führungspositionen, in allen Branchen und auf allen Ebenen.

mehr Geschlechtergerechtigkeit, in Stellenausschreibungen sind es manchmal nur ein paar Wörter. So gab die Zurich Versicherung in Großbritannien ein Jahr lang bei fast allen ausgeschriebenen Führungspositionen an, diese seien „offen für Teilzeit, Vollzeit und Jobsharing". Das Ergebnis: Es bewarben sich 19 Prozent mehr Frauen auf Management-Positionen.

Daran sieht man, wie wichtig es ist, sich im Kontext der Personalarbeit dieser unbewussten Vorurteile bewusst zu werden und sie zu berücksichtigen – sei es bei der Stellenausschreibung, bei der

Auswahl der Mitarbeitenden, bei Beförderungen oder eben bei der Besetzung von Führungspositionen. Es würde uns allen helfen, häufiger das eigene Denken zu hinterfragen, gemäß dem Slogan „Umparken im Kopf".

Ihnen möchte ich von Herzen empfehlen, aktiv zu sein. Hören Sie zu, fragen Sie nach, empfehlen Sie andere Frauen – egal ob für Jobs oder berufliche Partnerschaften. Und lassen Sie sich selbst auch empfehlen! Nutzen Sie für Ihr berufliches Fortkommen Kontakte, und zwar unabhängig vom Geschlecht. Ich tat es zu Beginn meiner Unternehmensgründung nicht, denn ich wollte es unbedingt allein schaffen. Heute weiß ich, dass ein belastbares Netzwerk ein enorm wichtiger Pfeiler im Gesamtkonstrukt „Karriere" ist.

Es würde mich freuen, wenn es mir gelingt, Sie zu ermutigen, offen für neue Chancen und Möglichkeiten zu sein. Sagen Sie öfter „Ja", verlassen Sie Ihre Komfortzone und sprechen Sie auch einfach mal, sei es auf Messen oder Veranstaltungen, andere an. Haben Sie keine Scheu und empfehlen Sie sich aktiv für einen Job. Und vor allen Dingen, lassen Sie etwaige Selbstzweifel los. Es hilft, sich vor Augen zu führen, dass nichts Schlimmeres passieren kann, als ein „Nein" zu kassieren. Allein dieser Gedanke hilft, die eigene Barriere zu überwinden. Und sollte es tatsächlich zu einem „Nein" kommen, nehmen Sie es nicht persönlich.

Ich lade Sie ein, die Vielfalt der weiblichen Karrieren zu entdecken, sich inspirieren zu lassen und Ihren eigenen

> „Es hilft, sich vor Augen zu führen, dass nichts Schlimmeres passieren kann, als ein „Nein" zu kassieren."

Weg zu finden. Es würde mich freuen, wenn es Ihnen hilft, weitere Türen zu sehen, neue Inspirationen zu erhalten, und wenn Sie die Möglichkeit nutzen, aufeinander zuzugehen. Es geht schließlich um die Gemeinschaft und nicht um ein Gegeneinander. Zusammen gelingt es uns, an einer gerechteren und inklusiveren Arbeitswelt mitzuwirken. Damit noch mehr Menschen mit ihrem Job und ihren Projekten übergroße Freude und nicht weniger Stolz verbinden.

Herzliche Grüße
Natascha Hoffner

PS: Alle im Buch vorgestellten Frauen haben zugesagt, für ein Mentoring zur Verfügung zu stehen. Die Kontaktmöglichkeiten finden Sie jeweils am Ende der Porträts.

VORWORT
ANASTASIA UMRIK

COACH, REDNERIN UND AUTORIN
GRÜNDETE DIE INITIATIVEN „ANDERSTARK – STÄRKE BRAUCHT KEINE MUSKELN"
UND „INKLUWAS – DESIGN, DAS DENKEN VERÄNDERT"

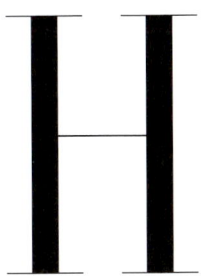

Hätte mir vor zehn Jahren jemand gesagt, dass ich eines Tages das Vorwort für ein Buch verfassen darf, das die beeindruckenden Lebenswege und unterschiedlichen Karrieren von 24 spannenden Frauen porträtiert – ich hätte dieser Person wahrscheinlich nicht geglaubt. Warum? Weil ich mir dieser Möglichkeit für mich gar nicht bewusst war. Der Möglichkeit, dass auch ich Vorbild sein, Inspiration bieten, anderen Mut machen kann. Erst indem ich selbst andere inspirierende Frauen kennengelernt habe, die genau das taten und mich – direkt oder indirekt – motivierten, meinen ganz eigenen Weg zu gehen und meine Geschichte neu zu definieren, da habe ich nach und nach gefühlt: Hey – das kann ich auch!

Die Inspiration durch interessante Frauen war für mich wie ein kleines Saatkorn, das sich in mir festgesetzt und in mir gearbeitet hat. Ich habe es genährt mit Sonne und Wasser (oder besser gesagt mit Communities, Veranstaltungen und Austausch) und mich gut darum gekümmert. Seitdem weiß ich: Häufig wird uns erst, wenn wir sehen, was überhaupt möglich ist, klar, wo wir eigentlich hinwollen. Wenn wir erkennen, dass Frauen

> „Häufig wird uns erst, wenn wir sehen, was überhaupt möglich ist, klar, wo wir eigentlich hinwollen.

Großes leisten können, auch wenn ihr Lebensweg vielleicht nicht immer so verlief wie geplant, dann merken wir, was wir selbst alles schaffen können.

Auch dieses Buch kann so ein Saatkorn für Sie sein. Die große Inspiration und der klitzekleine Anfang auf der Reise zu dem, was Sie wirklich wollen und können – und von dem Sie vielleicht noch gar nichts wussten. Oft sind die Dinge so, wie sie sind, weil sie „halt so sind". Oder weil sie immer so waren. Und wir handeln danach – weil wir meinen, es zu müssen. Weil wir es so gelernt haben, weil wir nicht wissen, wo wir mit der Veränderung beginnen sollten und wer uns dabei begleiten kann. Es fehlt uns ein Überblick und die Entscheidungskraft über die Möglichkeiten, die das Leben für uns bereithalten könnte. Denn nicht jede von uns hat die Chance, in einem vertrauten, engen Kreis außergewöhnliche Frauen mit besonderen Karrierewegen zu treffen oder kennenzulernen und Einblicke in den Erfahrungsschatz von erfolgreichen Vorbildern zu gewinnen.

Und deswegen sind die eindrucksvollen und teilweise ungewöhnlichen Porträts, die Sie hier gedruckt in Ihren Händen halten, so wichtig. Sie zeigen: Sie können das ebenfalls! Das hat aber nichts damit zu tun, dass Sie sich mit anderen vergleichen sollen. Bloß nicht! Stattdessen sollten Sie in den Menschen, die Ihnen imponieren und die Sie inspirieren, das Potenzial sehen, das in Ihnen bereits lebt und nur darauf wartet, endlich entdeckt zu werden. Alles, was Sie an anderen bewundern, tragen Sie nämlich selbst auch in sich. Und wer weiß, vielleicht steht irgendwann Ihr Name in oder auf einem solchen Buch?!

Doch wie gehen Sie nun mit Ihrem kleinen Saatkorn um? Ich rate Ihnen: Schützen und pflegen Sie es. Hören Sie dabei auf Ihr Herz! Ja, ich weiß, das klingt nach einem schönen Kalenderspruch oder einem weisen Wandtattoo. Für mich ist es aber viel mehr als das. Ich sehe die weibliche Intuition als unseren Schlüssel zum Erfolg, als unsere Kompassnadel zu einem von innen heraus erfüllten Leben. Machen Sie das, was sich richtig anfühlt, und nicht das, was Sie meinen zu müssen.

> **Stellen Sie sich einmal vor, was passieren würde, wenn wir alle nicht unserem Verstand, sondern unserer Intuition folgen würden: Dann ginge jede von uns ihren eigenen Herzensweg.**

Gehen Sie nach links, wenn das Leben Sie nach links zieht – und nicht nach rechts, weil Ihr Kopf Ihnen sagt, dass es dort viel besser für Sie ist. Die Intuition zeigt Ihnen den richtigen Weg, besser als jedes Navi, besser als jeder Ratgeber. Jetzt müssen Sie den Mut haben, abzubiegen, danach zu handeln – und bereit sein für die Konsequenzen. Stellen Sie sich einmal vor, was passieren würde, wenn wir alle nicht unserem Verstand, sondern unserer Intuition folgen würden: Dann ginge jede von uns ihren eigenen Herzensweg. Jede gestaltete ihr Leben so, wie sie es möchte, kraftvoll, energisch, machtvoll und souverän. Dabei supporten wir uns gegenseitig. Und wenn jemand unsicher ist, sagen wir nicht: „Ich würde das so oder so machen", sondern fragen: „Was sagt dir dein Gefühl?"

In der Businesswelt ist das noch lange nicht die Realität. In den meisten Jobs können wir unserer Intuition längst nicht so viel Raum geben, wie es uns guttäte. Aber irgendjemand muss ja damit anfangen! Wenn (junge) Frauen den Mut haben, ihre weiblichen Stärken zu zeigen und sie nicht beiseitezuschieben, wenn sie nicht denken, ihr Erfolg müsse so aussehen wie der der Männer, dann zeigen sie ihre größte Kraft. Egal ob es bei der Berufswahl ist, beim Treffen von Entscheidungen, in Beziehungen oder in Krisen: Unser Gefühl täuscht uns nie, es hat immer recht. Vor allem wir Frauen haben eine enorme Intuition, und je mehr wir uns damit verbinden und danach handeln, desto weicher und kraftvoller wird die Gesellschaft auch insgesamt.

Warum ich mir da so sicher bin? Weil ich es selbst erlebt habe. Viel zu lange habe ich gemeint, es wäre doch viel einfacher, so zu leben, wie es die anderen wollen. Um dazuzugehören, habe ich nicht nach meinem Gefühl gehandelt. Und immer wieder habe ich mir gedacht: Ich wusste doch vorher, dass es nicht gut gehen wird, wenn ich nicht meinem Bauchgefühl folge, sondern den Vorgaben der anderen. Warum habe ich schon wieder nicht darauf gehört? Und da begann mein eigener Weg, nämlich der zu mir selbst. Auf diesem Weg habe ich drei wichtige Dinge gelernt, die ich mir regelmäßig in Erinnerung rufe – ich lege sie auch Ihnen ans Herz:

1 Finden Sie die Stille: Die Welt ist chaotisch und es rauscht permanent und überall. An jeder Ecke lauern Ablenkungen, die Entwicklung der Technologien geht rasant voran. Was wir brauchen, ist mehr Stille – innen und außen.

2 Verbinden Sie sich mit Ihrem Körper: Tun Sie sich etwas Gutes, schaffen Sie Platz für Genuss und für sich selbst.

3 Atmen Sie: Atmen kann eine einfache Technik sein, den Körper zurück in die Präsenz zu holen und sich auf das zu fokussieren, was in diesem Moment ist – weg von der ellenlangen To-do-Liste, die sowieso nicht kürzer wird. Verlangsamen Sie Ihre Ausatmung und beobachten Sie, wie alles leichter wird.

Sie werden sehen, es wird Ihnen immer weniger schwerfallen, sich mit Ihnen zu verbinden, wenn Sie diese drei Dinge regelmäßig machen. Denn bevor Sie andere sehen, müssen Sie sich erst mal selbst sehen – und wissen, wie Ihre Vision von sich eigentlich aussieht. Wie möchten Sie durchs Leben gehen? Welche Werte begleiten Sie? Und worum geht es Ihnen wirklich?

> **Sorgen Sie gut für das kleine Saatkorn in Ihnen, damit es sich zu einer wunderschönen Pflanze entfalten kann, die strahlt.**

Vielleicht helfen Ihnen die Geschichten, die Erfolge, Hürden und Wendungen der inspirierenden Frauen auf den nächsten Seiten dabei, dass Sie sich auch selbst besser erkennen. Durch diese Vorbilder sehen Sie, wer Sie sein können, wohin Sie Ihr Weg führen kann. Und Sie werden feststellen, dass wir alle das Potenzial haben, Großes zu erreichen. Lassen Sie sich davon inspirieren und kreieren Sie Ihren ganz eigenen Weg. Einen, den noch niemand vorher gegangen ist. Bücher wie dieses sind wichtig, denn sie zeigen, was Wertvolles entsteht, wenn jemand anfängt – und den Samen für Veränderung sät. Sorgen Sie gut für das kleine Saatkorn in Ihnen, damit es sich zu einer wunderschönen Pflanze entfalten kann, die strahlt. In ihren ganz eigenen, schönsten Farben, die das Leben zu bieten hat.

Anastasia Umrik

PS: Vergessen Sie das Gießen nicht!

VORWORT
PROF. HEIDI STOPPER

TOPMANAGEMENT-COACH & BERATERIN
EHEM. VORSTAND IM MDAX, AUTORIN UND MEHRFACHE BEIRÄTIN

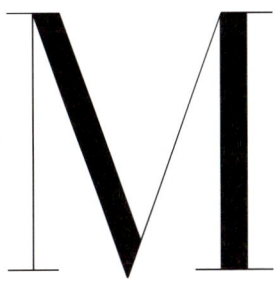

Möglicherweise fragen Sie sich: Es gibt schon so viele Karrierebücher, wozu also ein weiteres? Das lässt sich schnell beantworten! Erstens: weil dieses Buch einen neuen Ansatz verfolgt. Hier werden echte Hidden Pearls vorgestellt, also Frauen, die mit ihren beruflichen Karrieren noch nicht im Licht stehen. Zweitens: Es gibt nach wie vor sehr viele Frauen, die in ihren Betrieben keine weiblichen Vorbilder haben. Dabei wäre es so wertvoll, ein tolles Netzwerk aus unterstützenden Frauen zu haben, bei dem sich die ein oder andere als Vorbild anbietet. Solche Role Models sind hilfreich, um in eine gute Lösungsorientierung für sich selbst zu kommen, denn durch sie schaut man mit einem Blick von außen auf sich. Last, but not least: Leider ermutigt unsere Gesellschaft Frauen nicht genug, ihre beruflichen Ambitionen zu verfolgen. Im Gegenteil. Während Männer sofort Applaus ernten, wenn sie im Freundes- oder Familienkreis über ihre anstehende Beförderung berichten, heißt es bei Frauen schnell: „Ach, sei doch mal zufrieden mit dem, was du hast." Gerade weil es die Gesellschaft Frauen schwerer macht, brauchen sie mehr Ermutigung als Männer.

Aber dieses Buch soll nicht nur Inspiration und Motivation bieten. Ich möchte Ihnen auch gern ein paar praktische Tipps mit auf den Weg geben. Denn häufig werde ich in meiner Eigenschaft als Coach für Führungskräfte gebeten, Erfahrungen aus meiner beruflichen Praxis zu teilen. Das mache ich gern!

BLEIBEN SIE OFFEN! Den klassischen Weg – von der Ausbildung bis zur Rente im gleichen Betrieb –, den gibt es heute längst nicht mehr. Kein Weg ist mehr vorgezeichnet. Das hat auch einen großen Vorteil. Niemand muss seine Karriere bis zum Schluss durchplanen. Heute zählt zu den wichtigsten Soft Skills, offen zu bleiben. Ich wollte eigentlich Richterin werden, doch im Referendariat habe ich schnell festgestellt, dass es nicht mein Ding ist, mich durch Aktenberge zu wühlen. Damit war der ursprüngliche Berufswunsch rasch abgehakt und ich landete mit meiner Expertise „Arbeitsrecht" im Personalwesen. Dort wiederum habe ich schnell gecheckt, dass die Aufgaben meiner Chefs deutlich sexier waren als meine, einfach, weil sie mehr Gestaltungsfreiheit hatten als ich. Das weckte meinen Ehrgeiz. Ich wagte später einen Branchenwechsel von der Hochtechnologie in die Medien und wurde zur Vorständin in einem MDax-Konzern. Und das, obwohl ich im Studium noch gar nicht wusste, dass es Vorstände überhaupt gibt.

SEIEN SIE MUTIG! Heute weiß ich, dass man die Karriereleiter nicht hochklettert, wenn man auf der Stelle steht und immer nur einen Job macht, den man schon kann. Nutzen Sie die Möglichkeit, in neue Aufgaben reinzuwachsen. Leider denken Frauen häufig, sie könnten einen Job erst übernehmen, wenn sie dafür 23 Weiterbildungen gemacht hätten. Das war bei mir nicht anders. Ich habe mich durch ein ansehnliches Angebot an Weiterbildungen gefräst – Master in Deutschland, Zusatzstudium in Harvard, Kurse an wichtigen internationalen Business Schools, Coaching-Ausbildung. Und was haben meine männlichen Kollegen gemacht? Nichts davon! Während ich in den Kursen saß, sind sie fröhlich befördert worden und haben die nächste Sprosse der Leiter erklommen. Damit Sie mich nicht missverstehen: Weiterbildung ist in jedem Fall sinnvoll, aber Mut und Zuversicht in die eigene Lernfähigkeit ist noch wichtiger.

> Werden Sie selbst tätig: If you don't blow your horn, who will?!

BLEIBEN SIE AUTHENTISCH! Zu Beginn meiner Karriere wurde mir gesagt: „Heidi, du lachst zu viel", „Zieh dich nicht so bunt an." Heute ist das Äußere ja kaum mehr Thema, aber damals habe ich gemeint, mich anpassen zu müssen. Ich habe mir ein paar graue und schwarze Hosenanzüge zugelegt und versucht, mein heiteres Wesen zu zügeln. Doch ich habe schnell festgestellt, dass ich das nicht bin. Ich habe von Haus aus eine warme Seite und versuche, ein angenehmes Miteinander zu gestalten. Ich kann herzlich sein und trotzdem ein schlaues Oberstübchen haben. Beides schließt sich ja nicht aus. Eine britische Kollegin machte mir einmal ein Kompliment, das mich sehr gerührt hat: „Heidi, you have a mind like a laser and a heart of gold." Durchsetzungsstark zu sein und dabei menschlich zu bleiben, das war immer meine Intention. Es gibt sogar auch Studien, die sagen, dass Frauen, die schlau und stark sind, in ihrer Art

warm sein müssen, um im Job reüssieren zu können.

LASSEN SIE SELBSTZWEIFEL ZU! Ich höre oft von Menschen, dass sie viel selbstsicherer sein wollen. Quasi über Nacht. Besser ist es, die Unsicherheit zu akzeptieren und zu erforschen und dann zu üben, was verunsichert. Denn nur wer Selbstzweifel hat und auch mal unsicher ist, reflektiert über sich und seine Beziehung zu anderen. Sogar Männer, die eher ab und an wie Lautsprecher auftreten, haben Selbstzweifel. Sie geben sie bloß nicht zu, zumal solche Gefühle zu zeigen für Männer noch weniger akzeptiert wird. Wenn Sie also merken, dass Sie in manchen Situationen – wie dem Sprechen vor großer Runde – unsicher sind, suchen Sie sich Hilfe und üben Sie. Oft reicht es, solche Szenarios im geschützten Raum durchzuspielen. Mit den positiven Erfahrungen gewinnen Sie an Sicherheit.

SUCHEN SIE SICH SUPPORT! Wer im Job weiterkommen will, braucht auch im engsten Umfeld moralische Unterstützung, egal ob im Freundes- oder Familienkreis. Ich sprach kürzlich mit zwei Start-up-Unternehmerinnen. Während die eine berichtete, ihr Elternhaus und ihre Freunde würden mit Unverständnis und Ablehnung auf ihre Ambitionen reagieren und auch mit ihrem Unmut über abgesagte Treffen nicht hinter dem Berg halten, erntet die andere viel Verständnis und großen Zuspruch. Solch ein positives Feedback bringt den Drive, der in besonders arbeitsintensiven Phasen regelrecht Flügel verleiht.

SPRECHEN SIE ÜBER IHRE ERFOLGE! In Sachen Selbstmarketing haben viele Frauen noch Nachholbedarf. Ich spreche in diesem Zusammenhang gern vom Prinzessinnensyndrom, das tief in uns steckt. Wir Frauen wollen entdeckt werden vom weißen Ritter. Nach dem Motto: Die anderen müssen doch sehen, was ich kann und was ich leiste. Aber leider funktioniert das nicht, zumindest nicht immer. Deshalb rate ich: Werden Sie selbst tätig: If you don't blow your horn, who will?! Und um nach draußen sichtbar zu werden, empfehle ich das Business-Portal LinkedIn. So werden auch Headhunter auf Sie aufmerksam.

ALLES HAT SEINEN PREIS! Wir Frauen denken immer, wir müssten jede Sache perfekt meistern. Die Rolle der Mutter, der Mitarbeiterin, der Chefin. Ich würde mir wünschen, dass wir Schluss machen mit der Illusion, dass man ständig alles zu 100 Prozent hinbekommt. Das ist nämlich nicht der Fall. Fakt ist, dass jede Entscheidung einen Preis hat. Wenn ich – in meiner Position als Vorständin – unbedingt am Laternenumzug meines Sohnes teilnehmen wollte, dann tat ich das, im Wissen, dass mein Chef sauer sein würde. Das ließ er mich dann auch spüren und ich musste dafür erst mal wieder gut Wetter machen. Gleichzeitig kam es vor, dass ich aufgrund eilig einberufener Konzernmeetings nicht bei einem Fußballspiel meines Sohnes dabei sein konnte oder einen Städtetrip mit meinem Mann canceln musste. Natürlich führten solche Absagen zu Enttäuschungen, bei meinem Sohn, aber auch bei meinem Mann. Unterdessen gab es wiederum Phasen, die weniger stressig waren – und damit Zeit für Quality Time. Man wird nie alle zufriedenstellen können, doch es zählt, dass es unterm Strich passt.

Der weibliche Karriereweg kann unvorhersehbar sein, voller Herausforderungen und Hindernisse, aber auch unglaublich lohnend. Mögen Ihnen die Wege der vorgestellten Frauen als Inspiration und als Learning dienen. Wenn dieses Buch dazu beiträgt, nur ein paar von Ihnen zu ermutigen, Ihren Ambitionen weiter zu folgen, hat dieses Werk bereits großartig seinen Zweck erfüllt.

Herzlichst, Ihre
Heidi Stopper

> „Ich würde mir wünschen, dass wir Schluss machen mit der Illusion, dass man ständig alles zu 100 Prozent hinbekommt.

VORWORT
ANDREA WASMUTH

VORSITZENDE DER GESCHÄFTSFÜHRUNG HANDELSBLATT MEDIA GROUP

LIEBE LESERINNEN UND LESER,

als Natascha Hoffner mich gebeten hat, ein Vorwort für dieses Buch zu schreiben, fühlte ich mich zutiefst geehrt. Zugleich habe ich mich auch an meinen eigenen bisherigen Weg erinnert, der zum richtigen Ziel geführt hat, aber auch so manche Herausforderung bereithielt. So wie mir erging und ergeht es ganz vielen anderen Frauen. 24 von ihnen geben in diesem Buch Einblick in ihre beeindruckenden Lebenswege. Es sind Frauen, die in verschiedenen Phasen ihrer Karriere stehen. Jede von ihnen hat ihren eigenen Pfad beschritten und ihre eigenen Höhen und Tiefen erlebt. Doch eines verbindet sie alle: der echte Wille, etwas zu bewegen und die eigenen Ziele zu erreichen. Was mich am meisten an den Geschichten dieser großartigen Frauen begeistert hat, ist deren Offenheit: Keine Frage, es gibt sie, die vielen Erfolgsmomente und das positive Feedback aus dem Umfeld. Aber es sind auch regelmäßig schwierige Entscheidungen zu treffen, die mit Augenblicken des Zweifels einhergehen. Auch Rückschläge sind immer wieder zu verkraften. Doch genau diese Momente sind es, aus denen man am Ende am meisten lernt.

Wie eingangs erwähnt, hatte auch ich in den letzten Jahren manche Herausforderung zu meistern. Obwohl vieles gut lief, habe ich nie aufgehört, mich permanent selbst zu hinterfragen. Inzwischen bin ich überzeugt, dass gerade im eigenen Zweifeln eine große Chance liegt. Eine Chance, an sich zu arbeiten und damit auch zu wachsen. Die Berichte der Frauen in diesem Buch zeigen, dass wir uns alle – in einer sich beständig verändernden Arbeitswelt – ähnlichen Herausforderungen stellen müssen. Da ist es ein unschätzbarer Vorteil, von den Erfahrungen anderer lernen zu dürfen. Für diese ehrlichen Einblicke möchte ich den porträtierten Frauen meinen Dank aussprechen, auch stellvertretend für alle Leserinnen und Leser. Ein weiteres Anliegen dieses Buches ist es, Ihnen Einblicke in die Tätigkeitsfelder verschiedener Unternehmensformen zu geben. Die 24 Frauen haben in ganz unterschiedlichen Organisationen – vom kleinen Start-up bis zum Großkonzern – ihre Karrieren gestaltet und ihre persönlichen Erfahrungen gesammelt. Ihre Geschichten spiegeln die Vielfalt der Arbeitswelt wider und zeigen, dass es eben nicht nur den einen Weg zum Erfolg gibt. Diese Vielfalt an Perspektiven und Erfahrungen wird Ihnen hoffentlich helfen, den eigenen Pfad und die richtigen Entscheidungen für Ihre individuelle Karriere zu finden. Letztlich geht es darum, ob sich für Sie persönlich alles richtig anfühlt, und nicht darum, was andere denken und sagen. Damit ist dieses Buch noch viel mehr als nur eine Sammlung inspirierender Geschichten. Es ist ein Leitfaden für Ihre eigene Karriere. Ich bin mir sicher, dass die hilfreichen Ratschläge und die praktischen Tipps Ihnen sowohl eine wertvolle Orientierungshilfe als auch eine anregende Inspiration sein werden, um die eigene Laufbahn im besten Sinne erfolgreich zu gestalten.

Liebe Leserinnen und Leser, ich wünsche Ihnen viel Freude und viele gute Gedanken beim Lesen dieses Buches.

„

Bücher wie dieses sind wichtig, denn sie zeigen, was Wertvolles entsteht, wenn jemand anfängt – und den Samen für Veränderung sät.

ANASTASIA UMRIK

PORTRAITS

HEAD OF DIGITAL PRODUCTS AND SOLUTIONS
DWS GROUP, FRANKFURT AM MAIN

Barbara Schlyter

Blockchain-Technologie und Tokenisierung? Wer weiß, was das ist, ist ganz vornedran. Die beiden digitalen Innovationen könnten den Kapitalmarkt von morgen entscheidend verändern. Daran arbeiten Barbara Schlyter und ihr Team bei der DWS gerade. Die DWS engagiert sich für ein Thema, das auch Barbara Schlyter am Herzen liegt: Female Finance.

Einserabitur, Einserstudium, mehrmals Jahrgangsbeste, Graduiertenstipendium, Harvard, German Civil Award: Die Liste mustergültiger Leistungsnachweise dokumentiert eindrucksvoll Barbara Schlyters Ausbildungsweg, „dabei hatte ich nicht einmal eine Empfehlung fürs Gymnasium", wie sie sagt. Noch in der Mittelstufe war sie eine eher durchschnittliche Schülerin, erst zum Abitur hin wurden die Noten besser. „Ich konnte ganz gut Klausuren schreiben." Die sei sie meist recht gelassen angegangen, Prüfungsangst ist ihr fremd. Was möglicherweise daran liegt, dass sie keinen Leistungsdruck kannte von zu Hause, von den Eltern hörten sie und ihre drei Geschwister oft ein „Wenn es gut läuft, ist es gut, wenn nicht, ist es auch nicht schlimm". Kam eins der Kinder mit einer schlechten Note heim, ging die gesamte Familie zum Eisessen.

„Ich habe mich immer für viele verschiedene Themen interessiert", erklärt Barbara Schlyter ihren Antrieb, der einer intrinsischen Motivation folgt. Sich also für etwas anstrengen, weil man es selbst will, und nicht, weil andere es von einem verlangen. Sie studiert Betriebswirtschaftslehre mit Schwerpunkt Finanzen an der Frankfurt School of Finance and Management und in Harvard, mit Bachelor-Abschlussnote 1,0. Ihren Master absolviert sie in Informationsmanagement und digitaler Innovation an der Eliteuniversität London School of Economics.

Die Verbindung aus Business, Finanzen und IT war beste Voraussetzung für ihre jetzige Tätigkeit: Nur einen Monat nach Beendigung ihres Studiums wird sie im Oktober 2020 in leitender Funktion bei der DWS Group in Frankfurt als Head of Digital Asset Management eingestellt, seit Ende letzten Jahres ist sie dort Head of Digital Products and Solutions. Das börsennotierte Unternehmen, das mehrheitlich zum Deutsche-Bank-Konzern gehört, ist einer der weltweit führenden Vermögensverwalter, betreut treuhänderisch Kapital im Wert von rund 840 Milliarden Euro.

„
Wenn man fachlich überzeugen kann, spielt das Alter keine Rolle mehr.

In ihrem Bereich ist Barbara Schlyter mit ihrem Team verantwortlich für die Entwicklung neuer digitaler Produkte und Lösungen. Eine Aufgabe mit großem Potenzial: Aktuell stehen zwei digitale Innovationsthemen im Vordergrund, die den Kapitalmarkt vom morgen stark beeinflussen werden. „Wir beschäftigen uns intensiv mit digitalen Assets und der zugrunde liegenden Blockchain-Technologie sowie mit digitalen Vertriebskanälen", erklärt die Teamleiterin. „Mithilfe der Blockchain-Technologie werden Vermögenswerte künftig digital durch sogenannte Token abgebildet. Eine Blockchain ist vom Prinzip her eine verteilte, dezentrale Datenbank, an die immer neue Datenblöcke chronologisch und fälschungssicher angehängt werden. Dadurch können Finanzmarkttransaktionen effizienter, sicherer und transparenter durchgeführt werden."

Mit gerade mal 26 Jahren tritt sie ihre erste leitende Position an. Wie man sich da Respekt verschafft? Kompetenz sei für sie einer der Schlüssel, um ernst genommen zu werden. „Wenn man fachlich überzeugen kann, spielt das Alter keine Rolle mehr." Trotz ihres schnellen Aufstiegs hatte sie nie einen stringenten Karriereplan. Finanzen hätten sie zwar schon seit jeher interessiert, aber manche Präferenzen kristallisierten sich erst während des Studiums heraus. Auf die Möglichkeit eines Auslandsjahres in Harvard habe sie dann ein Studienkollege aufmerksam gemacht. Nur eins stand für sie fest: Ihren Master wollte sie an der London School of Economics ablegen. Ein großes Thema sei allerdings

> „Zu Beginn einer Karriere ist es fast noch entscheidender, wer einen fördert, als das, was man tut."

die Finanzierung der Studiengebühren an der teuren Premium-Uni gewesen. „Meine Eltern hätten es mir nicht zahlen können", sagt sie. Sie löst das Geldproblem mit einem dualen Studium, arbeitet parallel von 2014 bis 2018 zunächst bei der Deutschen Bank und danach bei der DWS im Portfolio-Management. Vor dem Masterstudium reiste sie mit ihrem jetzigen Mann, einem Schweden, neun Monate um die Welt und beschäftigte sich zwischen Hongkong und Stockholm mit digitalen Themen.

Wem andere Menschen ihr Geld anvertrauen, der hat per se eine verantwortungsvolle Aufgabe. Ein Schlagwort von großer gesellschaftlicher Relevanz ist für Barbara Schlyter daher Female Finance. „Da sehen wir Vermögensverwalter uns in der Pflicht, das zu ändern." Frauen investieren im Durchschnitt weniger häufig am Kapitalmarkt und verdienen durchschnittlich weniger als Männer, beide Faktoren wirken sich negativ auf den Vermögensaufbau aus. Darum gibt

← Auf dem Weg nach oben: Mit nur 26 Jahren nahm die Betriebswirtin ihre erste leitende Position ein.

↑ Klare Strukturen: Innenansicht aus der Zentrale der DWS Group in Frankfurt

↖ Kein Stress: Gelassenheit ist einer der Erfolgsfaktoren von Barbara Schlyter.

„Am Anfang wurde ich oft ins kalte Wasser geworfen", gibt sie zu. „Doch ich kann mit den Herausforderungen gut umgehen, weil ich gut darauf vorbereitet wurde." Ihre Vorgesetzten fördern und unterstützen sie in hohem Maße. „Es gibt regelmäßiges Feedback und Bewertungen unserer Arbeit." Das sei hilfreich und ihr sehr wichtig. „Ohne Management-Support würde ich den Job wahrscheinlich gar nicht machen."

Die richtigen Unterstützer und Mentoren finden, sich von Erfahreneren anleiten lassen, Hilfe annehmen können – das gehört für die junge Frau zu einem modernen Verständnis von Führung dazu. „Zu Beginn einer Karriere ist es fast noch entscheidender, wer einen fördert, als das, was man tut", findet sie. „Jemand, von dem man lernt, wie man mit Verantwortung umgeht, aber auch mit Konflikten und schwierigen Situationen." Ihre erste Chefin war so eine Person. „Sie stellte sich vor mich, wenn ich etwas falsch gemacht hatte, und überließ bei einem Erfolg dem Team die Bühne." Das Prinzip sollte auf Nehmen und Geben beruhen: Ganz wichtig ist es, der anderen Seite ebenfalls Wertschätzung entgegenzubringen.

Zuverlässigkeit zeichnet Barbara Schlyter aus, sie engagiert sich sozial, ist keine Einzelkämpferin, sie arbeitet gern und sie arbeitet gern auch mehr. „Aber nur, wenn es meine eigene Entscheidung ist und ich aus eigenem Antrieb heraus agieren kann." Bei der DWS Group kann sie sich ihre Zeit relativ frei einteilen, das kommt jemandem wie ihr mit intrinsischer Motivation sehr entgegen.

es bei der DWS nun den Investmentfond „Women for Women", er wird ausschließlich von Portfoliomanagerinnen betreut und speziell an Frauen vermarktet.

In jungen Jahren so viel Verantwortung als Führungskraft zu tragen wie Barbara Schlyter würde manche überfordern.

KARRIERE-TIPPS

1
UNTERSTÜTZUNG

Die Suche nach geeigneten Mentoren gestaltet sich nicht immer leicht. Es können die direkten Vorgesetzten sein oder externe Personen, die Mentoring anbieten. Barbara Schlyter hält persönlich mehr davon, wenn der Support aus dem Arbeitsumfeld kommt, weil man zusammen konkrete Themen und Situationen besprechen kann.

3
MAL LOCKERMACHEN

Die Finanzbranche ist immer ein bisschen steif? Ein Vorurteil, findet Barbara Schlyter. Das habe sich sehr geändert. „Der Umgangston bei der DWS Group ist locker, meistens wird geduzt." Ihr Eindruck: Je höher man in den Ebenen kommt, desto entspannter wird es.

2
UNTERSCHIEDE SEHEN

„Confidence Gap" beschreibt die Geschlechterunterscheidung in Sachen Selbstbewusstsein. Frauen haben tendenziell weniger davon, agieren zurückhaltender, während Männer mit gleicher Qualifikation oft mit breiter Brust in Meetings gehen. Als Führungskraft hat man auch die Verantwortung, diese Unterschiede zu sehen und entsprechend darauf einzuwirken. „Erkennen, dass man die eine vielleicht noch etwas mehr anschubsen muss, während der andere schon von ganz allein sprintet."

Themen, zu denen Frau Schlyter gern einen fachlichen oder persönlichen Austausch weiterführen möchte:
Female Finance | Blockchain-Technologie | Frauen in Führung

Interessierte können Kontakt aufnehmen über:
LinkedIn

CFO UND MITGLIED DER GESCHÄFTSFÜHRUNG
E.ON INHOUSE CONSULTING, ESSEN

Anne Bicking

Führung und Familie - Anne Bicking, CFO bei der E.ON Inhouse Consulting, zeigt, wie das gelingen kann. Ihre Erfolgsrezeptur: ein Arbeitgeber, der mitspielt, ein unterstützendes Netzwerk und ständiger Terminabgleich mit dem Ehemann.

Gute Organisation, Menschen, die einen unterstützen, ein verständnisvoller Arbeitgeber und eine gehörige Portion Gelassenheit – das sind wichtige Faktoren, damit das Modell „Kinder und Karriere" gelingt. Gerade für Frauen ist die Vereinbarkeit von Familie und Beruf nach wie vor eine Herausforderung. Meist ist der Mann der Hauptverdiener, während fast die Hälfte der Mütter einer Tätigkeit in Teilzeit nachgehen oder ihren Beruf ganz aufgeben, sobald Kinder da sind. Dass beide in Vollzeit beschäftigt sind, trifft nur auf 13 Prozent der Eltern zu. Noch viel seltener, 3 Prozent, gibt es Mütter mit Kindern unter 6 Jahren, die in Vollzeit und in leitender Position arbeiten.

Eine dieser Ausnahmen ist Anne Bicking: Sie und ihr Mann haben zwei kleine Kinder, 3 und 5 Jahre, beide sind in Vollzeit beschäftigt, er als Bankvorstand in Frankfurt, sie als Chief Financial Officer (CFO) und Mitglied der Geschäftsführung bei der E.ON Inhouse Consulting. Das ist die interne Unternehmensberatung des Energiekonzerns, eines der größten in Deutschland, mit weltweit mehr als 80 000 Mitarbeitenden. Für E.ON ist die 40-Jährige an fünf Tagen die Woche tätig, zwei davon, wenn möglich, im Homeoffice. „Da muss man allerdings diszipliniert sein. Gerade kleine Kinder verstehen es nicht immer, dass die Mami zwar daheim ist, aber trotzdem keine Zeit für sie hat", erzählt die Managerin in ihrem Haus in der Nähe von Krefeld. Unterstützung bekommt sie aus der eigenen Familie. „Meine Mutter wohnt drei Tage die Woche bei uns. Für diesen Luxus bin ich sehr dankbar." Die Oma passt Montag bis Mittwoch auf, am Donnerstag nach dem Kindergarten ist „Mamatag", freitags übernimmt der Papa.

Mindestens genauso essenziell wie das private Netzwerk ist ein Arbeitgeber, der offen ist für individuelle Arbeitsmodelle. In dieser Hinsicht sei E.ON Inhouse Consulting ein Vorreiter. Die Unterneh-

> „Ich wäre keine gute Mutter, wenn ich nur zu Hause bleiben würde.

menssprache ist Englisch, das Team divers und international aufgestellt, das Thema „Frauen in Führungspositionen" wird aktiv angegangen. „Gerade Eltern mit kleinen Kindern bestmöglich zu unterstützen", sagt Anne Bicking. „Das gilt übrigens für Mütter wie auch für Väter." Standardmodelle gibt es nicht, es wird individuell nach Lösungen gesucht. Manche wollen Vollzeit arbeiten, manche Teilzeit, manche nur von zu Hause. Anders als früher oft üblich, schlägt der Mitarbeitende den Arbeitsumfang vor, nicht das Unternehmen. „Vor allem Eltern brauchen Flexibilität und Verständnis für Unvorhergesehenes." Aus eigener Erfahrung weiß die Chefin, dass es eben vorkommt, dass die Kita anruft oder das Kind plötzlich krank wird.

Als CFO ist Anne Bicking in der Position, etwas verändern zu können. Das nutzt sie, um Frauen zu supporten, ihnen den Weg zu ebnen, Türen zu öffnen. „Ich ermuntere zum freien Austausch, frage nach, wo sie hin möchten, wo sie sich in fünf Jahren sehen und was sie brauchen, um dahin zu kommen." Gemeinsam mit ihren Kollegen der Geschäftsführung leitet sie seit 2021 ein Team aus etwa 140 Mitarbeitenden aus den Bereichen Beratung, Finanzen, Personal, Marketing und Kommunikation. Das Inhouse Consulting von E.ON berät den Konzern in strategischen Fragen, analysiert den Markt und erarbeitet Konzepte, um das Unternehmen nachhaltig fit für die Zukunft zu machen. Außerdem benötige man für ihren Job eine gute „problem solving competency", wie sie es nennt. Komplexe Sachverhalte müssten schnell

> „Vor allem Eltern brauchen Flexibilität und Verständnis für Unvorhergesehenes."

durchdrungen werden, um schnell zu Lösungen zu kommen. „Das ist der analytische Teil", sagt sie. „Genauso brauche ich aber auch Empathie und Menschenverstand, um das Team mitnehmen und begeistern zu können."

Anne Bicking hat Internationales Management in Bruchsal, Rennes und London studiert, nach ihrem Master fängt sie bei der Strategieberatungsfirma Oliver Wyman an, ist dort als Project-Managerin an den Standorten in Katar, Großbritannien, Tschechien und der Schweiz im Einsatz und wechselt 2010 zur Unternehmensberatung Roland Berger in die Züricher Dependance. Aufenthalte im Ausland durchziehen ihre Biografie. Schon als Teenager lebt sie eine Zeit lang in den USA, weil ihr Vater dorthin versetzt wurde. „Der Blick in andere Kulturen weitet den eigenen Blick", erklärt die Managerin ihre Begeisterung für Reisen und ferne Länder. „Es hilft, Dinge aus verschiedenen Perspektiven zu betrachten. Das betrifft nicht nur Nationalitäten. Von Diversität in allen Bereichen können am Ende alle profitieren."

Hilfreich sind außerdem Beispiele, die zeigen, dass sich Karriere und Kinder nicht ausschließen müssen. Anne Bicking

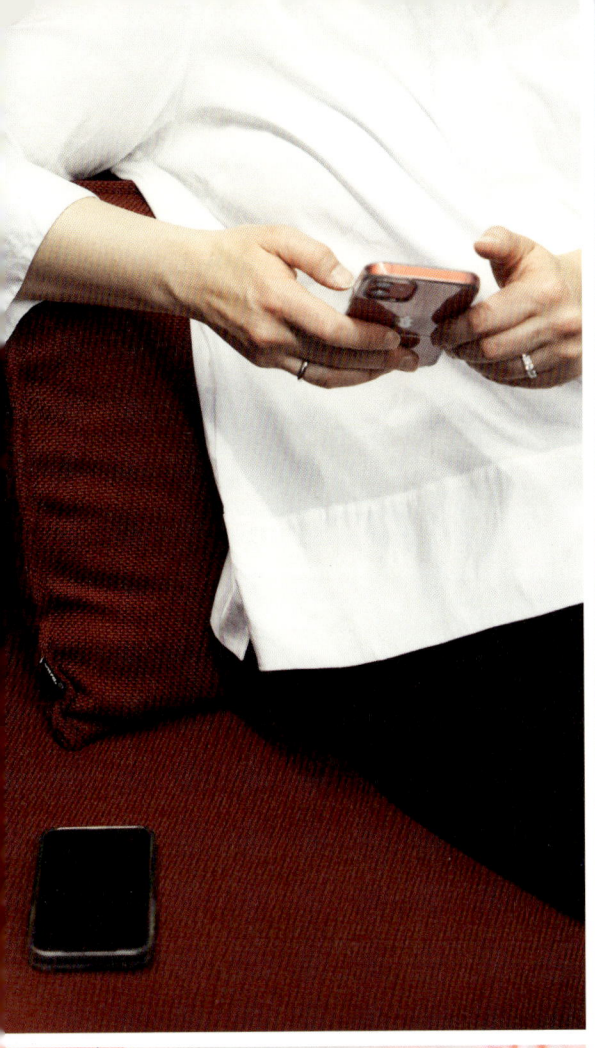

↑ Ganz entspannt: Anne Bicking gelingt der Spagat zwischen Kindern und Karriere.
↖ Ein kurzer Blick aufs private Handy gehört für Eltern auch im Job dazu.
← Seit 2021 ist sie CFO und Mitglied der Geschäftsführung bei der E.ON Inhouse Consulting in Essen.

hat solche Vorbilder. Als ihr erstes Kind geboren wurde, arbeitete sie bei thyssenkrupp für die damalige Personalvorständin Sabine Maaßen, selbst Mutter von zwei Söhnen. „Sie wusste, welche emotionale Achterbahnfahrt ich durchlaufe, dass es anderen Frauen ebenso geht. Das hat mir Mut gemacht." Sechs Monate nach der Geburt kehrt Anne Bicking zurück in den Job. „Als Mutter hat man da natürlich auch Schuldgefühle, aber meine Vorgesetzten haben meinen Wunsch, wieder arbeiten zu wollen, sehr unterstützt." Zuspruch kam vor allem von ihrer Mutter, die einst wegen der Kinder lange ihre Berufstätigkeit aufgegeben habe. „Ich wäre keine gute Mutter, wenn ich nur zu Hause bleiben würde. Dafür liebe ich meinen Beruf viel zu sehr", betont Anne Bicking.

Gleichzeitig achtet sie auf eine gesunde Work-Life-Balance: Steht morgens früher auf, als sie müsste, um noch etwas Zeit für sich zu haben, bevor sie mit den Kindern gemeinsam frühstückt und sie für den Kindergarten fertig macht. Versucht, jeden Tag zum gemeinsamen Abendessen wieder daheim zu sein, vernachlässigt jedoch dabei eigene Hobbys und Interessen nicht. Sie gärtnert gern, auch mit den Kindern, kocht mit ihrem Mann, „obwohl er der Chef de Cuisine ist und ich eher die Küchenhilfe", ist eine gute Weinkennerin, der Bruder ist Winzer, und an Homeoffice-Tagen klinkt sie sich mittags für eine Stunde aus, um durch den nahen Wald zu laufen und „den Kopf frei zu kriegen".

Damit das alles reibungslos funktioniert, sitzen Anne Bicking und ihr Mann mehrmals pro Woche vor ihren Kalendern, gleichen Dienstreisen und Meetings ab und stellen Pläne auf, wer wann was übernimmt, wenn Ausflüge, Arzttermine oder Kindergeburtstage anfallen. „Und wenn dann das passiert, was man Leben nennt, dann planen wir eben um", sagt sie lachend. Denn ohne eine gelassene Grundstimmung nützt die beste Organisation nichts.

KARRIERE-TIPPS

1
KLARE ANSAGEN

„Ich beobachte viel zu häufig, dass Frauen ihre Erwartungen nicht klar kommunizieren. Vielmehr hoffen sie, ihr Gegenüber könne Gedanken lesen." Weil das nur selten der Fall ist, plädiert Anne Bicking dafür, frühzeitig offen auszusprechen, was man sich vorstellt. „Im Zweifel kassiert man ein ‚Nein', aber dann weiß man, woran man ist. Und der andere weiß auch genau, was ihn erwartet."

3
VORBILDFUNKTION

„Mein Modell ist nicht unbedingt dein Modell", das sagt Anne Bicking oft in Personalgesprächen. Jede Frau müsse ihren eigenen Weg finden. „Wichtig ist herauszufinden, was man selbst will und was einem guttut." Dabei findet sie wichtig, dass Frauen einander den Rücken stärken. „Oder um Madeleine Albright zu zitieren: ‚Es gibt einen besonderen Ort in der Hölle für Frauen, die anderen Frauen nicht helfen.'"

2
KONSEQUENT SEIN

Anne Bicking rät, Familienzeit klar zu kommunizieren und für alle transparent im Kalender einzustellen: „Wenn nicht gerade ein ganz wichtiger Kunden- oder Vorstandstermin ansteht, ist die Zeit für die Kinder unverhandelbar. Sonst werden Ausnahmen zur Regel. Und gar nicht erst damit anfangen, wenn jemand vorschlägt, dieses oder jenes Projekt könne man doch bei einem Abendessen besprechen." Besser während der Arbeitszeiten erledigen. „Unsere Teams schätzen ein gemeinsames Frühstück oder Mittagessen."

Themen, zu denen Frau Bicking gern einen fachlichen oder persönlichen Austausch weiterführen möchte:
Energiewende | New Work | War for Talents | Working Parents

Interessierte können Kontakt aufnehmen über:
LinkedIn

GESCHÄFTSFÜHRERIN ANWENDUNGSENTWICKLUNG
FINANZ INFORMATIK GMBH & CO. KG, FRANKFURT AM MAIN

Julia Koch

Für über 50 Millionen Sparkassen-Kundinnen und -Kunden das Banking der Zukunft zu gestalten, das treibt die Geschäftsführerin des IT-Dienstleisters Finanz Informatik jeden Tag aufs Neue an. Dabei setzt die Managerin intern auf eine Kultur der Offenheit, des Vertrauens und des Voneinander-Lernens.

Wäre Julia Koch vor ein paar Jahren gefragt worden, ob sie sich vorstellen könne, an der Spitze eines Technologiekonzerns zu stehen, sie hätte ungläubig geguckt und höflich abgelehnt. Bankvorständin, ja, das wäre für die Diplom-Betriebswirtin vorstellbar gewesen, nach 20 Jahren in verschiedenen leitenden Positionen bei der BHW Bausparkasse, der Postbank oder der UniCredit Bank. Aber ein IT-Unternehmen?

Manchmal tun sich Chancen im Leben auf, die der Karriere eine andere Richtung geben und trotzdem ans Ziel führen. So macht Julia Koch heute genau das, was „ursprünglich nicht auf meinem Karriereplan stand". Als erste Frau ist sie seit Januar 2022 Geschäftsführerin bei der Finanz Informatik (FI), dem zentralen Digitalisierungspartner der Sparkassen-Finanzgruppe und einem der größten IT-Dienstleister Deutschlands. Dort leitet sie das Ressort Anwendungsentwicklung (AE) und legt den Fokus ihrer Arbeit darauf, gemeinsam mit den Teams der FI und der Sparkassen-Finanzgruppe die kundenzentrierte digitale Transformation voranzubringen. „Ich sehe es als Riesenchance, das Banking der Zukunft zu entwickeln und zu gestalten. Das treibt mich jeden Tag aufs Neue an", so die 45-Jährige.

Was das konkret bedeutet, das verdeutlichen die Zahlen: Die Sparkassen-Finanzgruppe hat mehr als 50 Millionen Kundinnen und Kunden mit über 110 Millionen Konten. Das Onlinebanking nutzen mehr als 30 Millionen Menschen, allein die Sparkassen-App ist mit rund 15 Millionen aktiven Usern eine der reichweitenstärksten Banking-Apps in Europa. „Während viele digitale Anwendungen sehr spezifische Zielgruppen haben, sind wir mitten in der Breite der Gesellschaft angekommen. Darum müssen unsere Banking-Lösungen so nutzerfreundlich sein, dass sie der 80-jährige Rentner genauso versteht wie die 23-jährige Studentin", erklärt Julia Koch, die in Frankfurt am Hauptsitz der FI arbeitet und in Berlin wohnt.

> Ich sehe es als Riesenchance, das Banking der Zukunft zu entwickeln und zu gestalten.

Gleichzeitig ändern sich in einer digitalisierten Welt die Ansprüche der Menschen rasant. Sie erwarten in allen Lebensbereichen funktionierende und schnelle digitale Selfservices. „Egal ob beim Shopping, bei der Reisebuchung oder eben auch beim Banking." Dafür sind genau die Fähigkeiten gefragt, die Julia Koch auszeichnen: zu denken und Prozesse schnell anzuschieben. Nur ein Beispiel: Innerhalb von ein paar Tagen stellte die FI einen digitalen Kontoeröffnungsprozess für ukrainische Geflüchtete auf die Beine. Nach wenigen Monaten gab es bei den Sparkassen bereits über 360 000 dieser Konten. „Für unsere Teams war es eine wichtige Erfahrung", sagt sie „zu sehen, wie wir gemeinsam in so kurzer Zeit sichtbare Ergebnisse erzielen können."

Die Voraussetzungen dafür sind ein unterstützendes Arbeitsumfeld und eine Unternehmenskultur, die auf Verlässlichkeit, Offenheit und ein aktives Miteinander setzt. Die Geschäftsführerin legt großen Wert auf Teamplay. Um den Austausch untereinander zu fördern, hat Julia Koch in ihrem Ressort das Format „Ask Me Anything" (AMA) eingeführt. Hierbei sind alle Fragen ihrer rund 1700 Mitarbeitenden an sie erlaubt und erwünscht. Um die Innovationskultur im Konzern zu unterstützen, hat sie mit der „AE Garage" eine Community ins Leben gerufen, bei der alle hierarchieübergreifend und unabhängig von ihrer normalen Jobrolle zusammenkommen. Zusätzlich erhalten die Teams die Chance, ihre Ideen und ihr Wissen bei Veranstaltungen wie dem „FI-Townhall", auf Events der Digitalbranche oder Tech-Kongressen zu präsentieren. Die Mitarbeitenden zu ermuntern, mehr Eigenverantwortung zu übernehmen, kreatives Denken und Handeln zu fördern, damit sie sich selbst mehr zutrauen – das entspricht dem Grundverständnis von Julia Kochs Arbeit und der Philosophie des Unternehmens. Ihr persönlicher Leitsatz lautet: „Frag nicht, ob du es kannst. Versuch es einfach."

> Frag nicht, ob du es kannst. Versuch es einfach.

Sie selbst ist in ihrer Karriere oft mutig vorangegangen, hat neue Wege beschritten, auch wenn es manchmal eher ein „Hineinstolpern" gewesen sei. Vor etwa zehn Jahren erkannte sie die Zeichen der Zeit und baute bei ihrem damaligen Arbeitgeber, der Deutschen Postbank AG, die digitale Baufinanzierung auf. Ihre Anfänge in der Digitalisierung von Banking-Lösungen waren Pionierarbeit: „Wir starteten alle bei null und suchten gemeinsam nach Lösungen." Learning by Doing sei das gewesen, in „irgendwie agiler Arbeitsweise, bevor agiles Arbeiten auf allen Ebenen gehyped wurde".

Wie kreatives, aber effektives Miteinander auch über Sprach- und Ländergrenzen hinweg funktioniert, erlebte Julia Koch, als sie 2017 zur UniCredit wechselte.

↑ Teamwork: dieses Kunstwerk in der Frankfurter Zentrale der Finanz Informatik ist tatsächlich ein im Team-Workshop entstandenes Puzzle.
← Allein sieht man Julia Koch selten – sie ist leidenschaftliche Teamworkerin.

Unter anderem von Mailand aus war sie für die digitale Transformation im Core-Banking für Deutschland, Österreich und Italien verantwortlich. „Da traf italienische Bella Figura auf deutschen Perfektionismus", erzählt sie lachend. Statt sich an den Unterschieden abzuarbeiten, wurde eine Kultur des Voneinander-Lernens gepflegt, bei der jeder von den Fähigkeiten des anderen profitiert.

Dieses Mindset fördert Julia Koch ebenfalls bei der FI. Stärken optimal einsetzen und sich stets fragen, wer am besten für die jeweilige Aufgabe geeignet ist. „Für mich sind dabei immer die Qualität und das Ergebnis entscheidend, nicht die Nationalität oder das Geschlecht", sagt sie. Es erklärt auch, warum sie keine explizite Verfechterin der Frauenquote ist. Trotzdem sei es ihr wichtig, dass mehr Frauen in die IT-Branche und in gestaltende Positionen kommen. Die FI investiert dafür unter anderem gezielt in die Frauenförderung, engagiert sich in Karrierenetzwerken und unterstützt den Austausch von Frauen untereinander. „Mehr Diversität in der Technologiebranche ist mir ein besonderes Anliegen, für das ich mich gern als Mentorin für Women in Tech oder Initiativen wie der Hacker School engagiere."

Auch in der FI wird das Thema Diversity großgeschrieben, denn die über 50 Millionen Kundinnen und Kunden der Sparkassen sind so breit und vielfältig aufgestellt, „wie es diverser kaum geht". Das soll sich genauso innerhalb der FI widerspiegeln. „Wenn wir wissen wollen, wie unsere Kunden denken, geht das nicht nur über Datenerfassung und Statistiken", sagt Julia Koch. „Im besten Fall habe ich ein Team, das sich aus den verschiedensten Blickwinkeln in die Zielgruppe hineinversetzen kann." Denn das darf man bei aller digitaler Transformation nicht vergessen: „Gerade bei technologischen Innovationen spielt der Faktor Mensch immer noch die größte Rolle."

KARRIERE-TIPPS

1
ON-AND-OFF-MODUS

Im Job gibt sie alles, trotzdem kann Julia Koch auch gut abschalten. Ihre Passion sind weltweite Fernreisen, denn Europa sei für sie „nur die Verlagerung des Arbeitsorts". Für die kleinen Auszeiten zwischendurch fährt sie von ihrem Wohnort Berlin aus ins „Naherholungsgebiet" auf die Insel Usedom. „Dort am unendlich langen Sandstrand entlangzulaufen macht wunderbar den Kopf frei."

2
MUT UND SELBSTVERTRAUEN

Manchmal wird Julia Koch gefragt, ob es in Ordnung sei, sich aktiv ins Spiel zu bringen, wenn neue Projekte vergeben werden. Aber klar, meint sie, für den nächsten Karriereschritt brauche es keine Erlaubnis. „Es muss sich keine Frau entschuldigen, wenn sie offen kommuniziert, dass sie eine höhere Position einnehmen möchte." Eine Frage übrigens, die ihr in internationalen Unternehmen noch nie eine Frau gestellt hat.

3
KLAR UND DEUTLICH

Ein strategisches Bild vor Augen haben, wohin man sich mittelfristig entwickeln will, überlegen, welche Weichen gestellt sein müssen, um die Ziele zu erreichen, klare Fokussierung und die Fähigkeit, Prioritäten zu setzen und umzusetzen – das sind Julia Kochs Faktoren des Erfolgs. „Schwierig wird es immer dann, wenn man zu viele Bälle gleichzeitig in der Luft zu halten versucht."

Themen, zu denen Frau Koch gern einen fachlichen oder persönlichen Austausch weiterführen möchte:
Digitale Transformation | Kundenzentrierung | Innovationskultur | Women in Tech

Interessierte können Kontakt aufnehmen über:
LinkedIn

CHIEF OPERATING OFFICER
CONGRESS CENTER HAMBURG, HAMBURG

Heike Mahmoud

Heike Mahmoud hat in ihrer beruflichen Laufbahn schon in den verschiedensten Branchen gearbeitet. Doch eines zieht sich wie ein roter Faden durch die Karriere: Sie liebt es einfach, Menschen zusammenzubringen. Das motiviert die Chefin des CCH – Congress Center Hamburg jeden Tag aufs Neue.

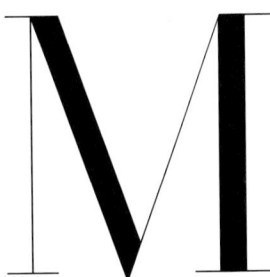

Manche Ereignisse sind so besonders, dass sie einem auf ewig im Gedächtnis bleiben und zu Höhepunkten des Lebens werden. Die Wiedereröffnung des CCH – Congress Center Hamburg im April letzten Jahres war für Heike Mahmoud so ein „Once-in-a-lifetime-Moment", wie sie sagt. Eine stimmungsvolle Feier, launige Reden, heitere Atmosphäre, rund 450 Gäste aus Politik, Wirtschaft, Kultur und Gesellschaft und dazu ein Augenblick voller Magie, als eine Tänzerin an einem riesigen Heliumballon zu klassischer Musik durch das 28 Meter hohe Foyer schwebte. Ein Moment, der alle verzauberte. Zunächst sei sie unsicher gewesen, ob das den eher zurückhaltenden Hanseaten gefallen würde, doch die seien genauso ergriffen gewesen wie sie. „Ich bin ein sehr emotionaler Mensch", erzählt die Chefin des Kongresszentrums in ihrer offenen, begeisternden Art, die andere sofort mitreißt. „Es war das beste Setting, das wir hätten machen können." Veranstaltungen wie diese sind einer der Gründe, warum sie selbst nach mehr als 30 Jahren im Berufsleben immer noch so leidenschaftlich bei der Sache ist. „Meine größte Passion, mein Lebenselixier ist es, Menschen zusammenzubringen. Orte zu schaffen, wo genau das passiert. Wo es egal ist, wo man herkommt, wie man aussieht, welche Religion man hat", begründet Heike Mahmoud ihre Motivation. In ihrer langen Laufbahn arbeitete sie in der Tourismusbranche, in der Hotellerie, bei Reiseveranstaltern und im Stadtmarketing, doch so unterschiedlich die Tätigkeiten gewesen sein mögen, ihr großes Interesse an anderen Menschen zieht sich wie ein roter Faden durch ihre Karriere. Diese Begeisterung und die Freude an ihrer Arbeit ist es auch, die ihr hilft, wenn es mal weniger gut läuft. „Es gibt im Leben nie nur den geraden Weg. Aber je älter ich werde, desto gelassener werde ich, weil die Erfahrung mir gezeigt hat, dass es nach Talfahrten

> Meine größte Passion ist es, Menschen zusammenzubringen. Orte zu schaffen, wo genau das passiert.

auch immer wieder bergauf ging", sagt die 59-Jährige, die viel lieber Kleider und Tücher mit bunten Prints trägt als dunkelblaue Businesskostüme.

Ein Kongresszentrum ist prädestiniert als Ort der Begegnung, es ist sein Sinn und Zweck. Seit 2018 ist Heike Mahmoud im CCH – Congress Center Hamburg als Chief Operating Officer angestellt, die einzige Frau im Führungsteam direkt unter den beiden Geschäftsführern, zuständig für das neue, umgestaltete Kongresszentrum, angrenzend an den Park Planten un Blomen. Zuvor war sie für die Destination Management Organisation (DMO) VisitBerlin tätig, um die Hauptstadt als Kongress- und Event-Destination zu vermarkten. Doch nach 18 Jahren hatte sie Lust auf eine neue Herausforderung, weil sie stets offen für Neues sei: „Kaum war der Gedanke da, bekam ich auch schon den Anruf aus Hamburg." Es war ein mutiger Schritt, mit fast Mitte 50 noch mal neu durchzustarten, mit völlig anderen Aufgaben, in einer Stadt, die sie bisher lediglich von Besuchen kannte, und ohne ihren Lebensgefährten, der nach wie vor in Berlin lebt. Seither pendelt sie, unter der Woche Hansestadt, am Wochenende Hauptstadt. „Geht doch ruckzuck. Eineinhalb Stunden mit dem Zug", sagt sie gut gelaunt und pragmatisch.

Heike Mahmoud hatte sehr viel Lust auf die neue Aufgabe. Damit in den 50 Sälen des CCH die bis zu 12 000 Menschen zusammenkommen und tagen können, musste sie allerdings erst mal den groß angelegten Umbau begleiten, das fast 50 Jahre alte Gebäude sollte von Grund

> *Es gibt im Leben nie nur den geraden Weg. Und meine Erfahrung ist: Auch nach Talfahrten ging es immer wieder bergauf.*

auf modernisiert und nachhaltig saniert werden. Zunächst hat sie also mit Architekten und Bauarbeitern statt Kongressgästen zu tun. Sie fuchst sich hinein in die ungewohnte Materie, will alles genau wissen, fragt so lange nach, bis sie alles verstanden hat. Wegen ihr zieht sich jedes Meeting in die Länge, doch ihre Beharrlichkeit kommt an. Ihre Mitarbeiter merken: Sie nimmt die Sache ernst. „Wer es wirklich ernst meint, wird auch von anderen ernst genommen", so ihre Überzeugung.

Ihr ehrliches Interesse an Menschen ist nicht nur im Gespräch spürbar, es prägt außerdem den Umgang mit ihrem Team. Heike Mahmoud hält den Kontakt zu jedem ihrer etwa 50 Mitarbeiter, egal ob Projektleiter oder Techniker, sie erkundigt sich, wie es ihnen geht, ist offen für Anregungen und Verbesserungsvorschläge. „Es geht ja nicht ständig nur um Grundsätzliches, manchmal fehlt einfach bloß irgendwo eine Steckdose." Wo immer es möglich ist, bezieht sie die anderen in die Entscheidungsprozesse mit

↑ Highlight: Das Foyer des CCH erstrahlt in neuem Licht.

↖ Heike Mahmouds Lebensfreude spiegelt sich in ihrem Kleidungsstil wider.

← Architektonisches Detail: die offene Wendeltreppe

leicht etwas besser als Männer, sagt sie, ohne verallgemeinern zu wollen. Heike Mahmoud fördert aktiv als Mentorin andere Frauen, hat das Netzwerk SheMeansCommunity mitbegründet. Unterstützung sei wichtig, solange Frauen in unserer Arbeitswelt immer noch nicht gleich behandelt werden.

Nicht vorschnell urteilen, stets das Ganze zu betrachten, nie bloß eine Seite, das habe ihr der Vater, ein Ingenieur für Wasserwirtschaft, schon von klein auf mit auf den Weg gegeben. Sie ist in Weimar geboren, wo sie auch aufwächst. Früh zeigt sich ihr Interesse an Menschen und der Welt: Nach der Schule macht sie eine Ausbildung in einem Reisebüro, hat dort mit Gästen aus dem Ausland zu tun, bucht Flüge für die internationalen Studenten des Weimarer Bauhaus, danach studiert sie Außenhandel in Ostberlin. Nach der Wiedervereinigung verschlägt es Heike Mahmoud nach München, erst ins Arabella Hotel, dann zum Studienreiseveranstalter Studiosus. Mitte der 1990er-Jahre geht sie zurück nach Berlin, der Liebe wegen.

Die Reisen in ferne Länder, die sie früher für andere gebucht hat, unternimmt sie heute gern selbst, ist neugierig auf andere Kulturen, liest alles, was ihr unter die Finger kommt, doch die ganz große Leidenschaft, sagt sie, sei nach wie vor ihre Arbeit. Die verspürte sie auch, als der erste Kunde nach der Wiederöffnung des neuen CCH für eine Großveranstaltung buchte und sie „2800 Gäste aus 40 Ländern begrüßen durfte". Da war er wieder, dieser „ganz besondere Gänsehautmoment".

ein. „Sie sind schließlich das höchste Gut, das wir haben, und gute Leistungen bekommt man nur, wenn man dafür sorgt, dass sie sich wohlfühlen." Dazu gehöre, eigene Fehler einzugestehen und zu vermitteln, dass sie jedem passieren können, auch ihr als Chefin. „Das erfordert manchmal zwar Mut", sagt sie, „schafft aber ebenso Vertrauen." Neben der fachlichen die menschliche Komponente im Blick zu haben, das könnten Frauen viel-

KARRIERE-TIPPS

1
UNBESCHRIEBENES BLATT?

Bloß nicht! Niemals unvorbereitet in ein Meeting gehen, rät Heike Mahmoud. Ein leerer Block signalisiert den anderen: Da will jemand unterhalten werden und selbst nichts dazu beitragen. Also: „Vorher zwei, drei Stichpunkte aufschreiben und die Gelegenheit nutzen, sich aktiv zu Wort zu melden." So zeigt man Interesse und Motivation.

2
RICHTIG UND FALSCH

Wir sollten an unserer Fehlerkultur arbeiten, meint Heike Mahmoud. Denn jeder macht mal etwas falsch, auch Chefs, das sei ganz normal. Wichtig sei es aber, dann zu seinen Fehlern zu stehen und nicht zu versuchen, sie zu vertuschen oder anderen in die Schuhe zu schieben. Im besten Fall bringt uns jeder Fehler weiter.

3
PERSÖNLICHKEIT UNTERSTREICHEN

Nur weil andere schwarze oder dunkelblaue Businesskostüme tragen, muss man es nicht ebenfalls tun. Heike Mahmoud zieht im Job und bei Veranstaltungen lieber etwas Farbenfrohes an, Blazer mit Blumenmuster oder Tücher mit auffälligen Prints. Sich selbst treu zu bleiben, sich nicht zu verstellen, ist ihre Devise: „Fühlt man sich gut, strahlt man auch gleich mehr Selbstbewusstsein und Stärke aus."

Themen, zu denen Frau Mahmoud gern einen fachlichen oder persönlichen Austausch weiterführen möchte:
Female Empowerment | Netzwerke der globalen Business Event Industry | Nachhaltigkeit in Venues und bei Kongressen/Events

Interessierte können Kontakt aufnehmen über:
LinkedIn

PARTNERIN
IBM CONSULTING PUBLIC SECTOR, MÜNCHEN

Deborah Hüller

Im Eiltempo an die Spitze: Innerhalb kürzester Zeit hat es Deborah Hüller von der Masterstudentin in die oberste Führungsebene von IBM geschafft. Dort ist sie die einzige Frau und auch die Jüngste. Kein Wunder: In ihrer Familie trugen vor allem Frauen die Verantwortung.

Sie ist oben angekommen. Ganz oben, im 23. Stock des Watson-Center, am Stadtrand von München. Das bezieht sich nicht nur auf die Anzahl der Etagen, sondern vor allem auf die Position von Deborah Hüller. Bei IBM Consulting gehört sie als Partnerin zu den leitenden Angestellten des Technologieunternehmens, ist eine von derzeit elf Partnern im Public Sector, berät und betreut Kunden aus dem öffentlichen Bereich wie Bundesministerien und Behörden. In dieser Riege ist sie bisher nicht nur die einzige Frau, sie ist mit 36 Jahren außerdem die Jüngste.

So schnell, wie die gläsernen Fahrstühle im IBM-Bürogebäude nach oben sausen, so rasant verlief sinnbildlich ihre Karriere. Innerhalb von elf Jahren stieg sie bei ihrem früheren Arbeitgeber, der Unternehmensberatung Deloitte, von der Masterstudentin zur Direktorin auf und wechselte im Januar 2022 zu IBM auf ihre jetzige Position. „Das Consulting ist eine eher konservative Branche, normalerweise braucht man etwa 15 bis 20 Jahre, um auf Partnerebene anzukommen", erklärt Deborah Hüller. „Es gibt auch kaum Männer, die es in so kurzer Zeit schaffen."

Sie sitzt in einem Büro über den Dächern von München. Es ist lichtdurchflutet, aber überraschend klein und schlicht, dafür mit sensationellem Panoramablick bis in die Alpen. Auf einen protzigen Chefsessel oder andere typische Insignien der Macht verzichtet sie, denn „starre hierarchische Strukturen sind längst nicht mehr zeitgemäß. Heute zählt mehr das Miteinander." Sie reißt einen mit, strahlt eine unbändige Power, positive Energie und authentische Selbstverständlichkeit aus, als wären Frauen in Führungspositionen das Normalste der Welt und nicht immer noch die Ausnahme.

Für Deborah Hüller ist das ganz normal. Sie kennt es nicht anders, ist in einem Umfeld aufgewachsen, in dem Frauen das Sagen hatten. Ihre Großmutter gründete in den 1950er-Jahren in der Nähe

> „
> Starre hierarchische Strukturen sind längst nicht mehr zeitgemäß. Heute zählt mehr das Miteinander.

von Bamberg ein Unternehmen, das ihre Mutter, alleinerziehend mit zwei Kindern, weiterführte. „Es gab die Seniorchefin, die Chefin und die Juniorchefin. Das war ich. Schon mit 7 Jahren saß ich mit im Büro und telefonierte mit den Kunden." Wie Karrieren verlaufen und welche Ziele man für erreichbar hält, habe damit zu tun, wie man geprägt und was einem vorgelebt wurde: „Die Vorbilder weiblicher Chefs haben es mir als Frau sicher erleichtert, später selbst leitende Positionen einzunehmen und mir das auch zuzutrauen." Die Erfahrung, aufgrund ihres Geschlechts benachteiligt zu werden, machte sie erst im Job, nachdem sie International Cultural and Business Studies mit Schwerpunkt Südostasien studiert hatte, mit anschließendem Masterstudium in Unternehmensführung. „Als Berufsanfängerin habe ich zum ersten Mal erlebt, dass mir nicht zugehört wird, nur weil ich eine Frau bin." Sie erlebt außerdem, dass Männer das Wort ergreifen, obwohl sie wenig Ahnung von der Materie haben, und Frauen bei gleicher Qualifikation oft den Kürzeren ziehen.

Verhaltensmuster, gegen die sie sich von Anfang an wehrt und ihrem ersten Chef schon beim Einstellungsgespräch selbstbewusst Paroli bietet, weil sie sich nicht unter Wert verkaufen will. Die Themen Chancengerechtigkeit und Gleichberechtigung wecken ihren Kampfgeist: Sie will etwas bewegen, will patriarchalische Strukturen aufbrechen und gesellschaftlich bessere Voraussetzungen für Frauen schaffen. „Ich möchte, dass die Arbeitswelt gerechter wird, unabhängig von Alter, Geschlecht, Herkunft." Ihre

> „Veränderungen sind immer anstrengend, weil es die Leute aus ihrer Komfortzone zwingt.

Ziele geht sie mit Elan an, rennt fest verschlossene Türen ein und weiß, dass sie anderen damit manchmal auf die Nerven geht. „Veränderungen sind immer anstrengend, weil es die Leute aus ihrer Komfortzone zwingt", sagt sie. „Reden und Bewusstsein schaffen ist gut, aber wir müssen auch mal ins Tun kommen." Dabei nimmt die Macherin ebenfalls die Männer in die Pflicht. Ihren Führungsstil nennt sie partizipativ und vergleicht ihn mit dem eines Fußballtrainers. „Ich mache die Aufstellung, gebe das Spielsystem vor, halte am Ende den Kopf hin, doch das Spiel macht das Team." Deborah Hüller bezieht ihre Mitarbeitenden mit ein und fordert zu eigenverantwortlichem Handeln auf.

Gleichzeitig möchte sie etwas weitergeben: Female Empowerment ist ihr eine Herzensangelegenheit, sie unterstützt viele Frauen, begleitet derzeit zehn Mentees, hat bei Deloitte das interne Frauennetzwerk mit aufgebaut und ist dort auch bei IBM sehr aktiv. „Es muss nicht jede eine leitende Position einnehmen, aber jede, die möchte, sollte die Möglichkeit dazu bekommen."

← Power und pure Lebensfreude: Das zeichnet die Partnerin bei IBM Consulting aus.

↑ Deborah Hüller ist ganz oben angekommen – bei IBM und im Watson-Center.

↖ Office mit Weitsicht: Blick über München bis zu den Alpen – bei schönem Wetter

Den Frauen selbst gibt sie mit auf den Weg: Wer vorankommen will, sollte sich etwas trauen. Deborah Hüller selbst hatte nie einen festen Plan, doch immer wieder den Mut, ins kalte Wasser zu springen, Chancen zu nutzen und den nächsten Karriereschritt zu gehen. „Wenn die Schuhe zu groß sind, haben sie genau die richtige Größe für mich", ist ihre selbstbewusste Haltung. Außerdem sei sie an ihren Aufgaben sowie an Fehlern gewachsen und habe sich dadurch stetig weiterentwickelt.

Und man muss es wollen. Auch ihr Erfolg hatte seinen Preis, ging oft zu Lasten ihres Privatlebens. Aufgrund wenig familienfreundlicher Arbeitszeiten hätten es Frauen im Consulting noch mal schwerer, Kinder und Karriere zu vereinbaren, sagt sie. „Wir sind Dienstleister. Die ersten zehn Jahre habe ich durchschnittlich viereinhalb Stunden pro Nacht geschlafen und bin seit dem Studium keine feste Beziehung mehr eingegangen." Heute lebt sie in Bamberg in einem Mehrgenerationenhaus mit ihrer Mutter, ihrem Bruder und seiner Familie. Um „mehr zu leben und weniger zu arbeiten", hat sie aktuell einen 80-Prozent-Vertrag, ist quasi „Teilzeit-Partnerin bei IBM". Auch damit ist sie Vorreiterin.

Zuweilen wird Deborah Hüller gefragt, was denn da noch kommen solle, wenn man es so jung schon so weit nach oben geschafft hat. „Mal sehen", sagt sie gelassen lächelnd. „Vielleicht irgendwann ein eigenes Unternehmen, vielleicht eine CEO-Position. Oder etwas ganz anderes. Eigentlich wollte ich ja mal Wedding Plannerin werden."

INFO & KONTAKT

Themen, zu denen Frau Hüller gern einen fachlichen oder persönlichen Austausch weiterführen möchte:

Female Leadership | Chancengerechtigkeit | Verändern von patriarchalischen Strukturen in Wirtschaft und Gesellschaft | Wege beschreiten abseits des „Normalen"

Interessierte können Kontakt aufnehmen über:
LinkedIn
deborah.hueller@ibm.com

KARRIERE-TIPPS

1

WEIL ICH ES WERT BIN

Frauen verdienen im Schnitt nach wie vor rund 20 bis 30 Prozent weniger als Männer. Darum rät Deborah Hüller, bei Gehaltsverhandlungen von vornherein ein Drittel mehr zu verlangen als die Summe, die man sich vorgestellt hat. „Und immer daran denken: Mehr als ein ‚Nein' kann nicht passieren."

2

THINK BIG

Wo Männern anerzogen wird, hoch zu pokern, neigen Frauen dazu, sich kleiner zu machen, als sie sind. Muss nicht sein, sagt Deborah Hüller und ermuntert sie, groß zu denken, sich jeden Traum zu gestatten und auf Bescheidenheit zu pfeifen. „Auch ich wollte mir beweisen, dass ich es in einer maximal konservativen Branche schneller als die Männer nach oben schaffe."

3

CHANCENVERWERTUNG

Um weiterzukommen, braucht man Chancen, um die eigenen Fähigkeiten zeigen zu können. Finger heben, „Hier" rufen und nicht warten, bis man gefragt wird. Aktiv Ausschau halten und dann mutig zugreifen. „Auch wenn man denkt, eigentlich kann ich das noch nicht", ermuntert Deborah Hüller. Sich selbst vertrauen und sich selbst etwas zutrauen. Und sonst? Analysieren, wo Selbstzweifel herkommen und welche Glaubenssätze einem als Frau von außen eingeredet wurden.

4

ERFOLG GIBT RÜCKENWIND

Wenn man seine Ziele erreicht hat, dann sollte man auch mal stolz sein auf sich und den eigenen Erfolg anerkennen. Bei Deborah Hüller hat es ebenfalls eine Weile gedauert, bis sie zugestehen konnte: „Ja, das ist schon eine krasse Wahnsinnkarriere, die ich da hingelegt habe!"

STRATEGY MANAGERIN ADHESIVE TECHNOLOGIES
HENKEL AG & CO. KGAA, DÜSSELDORF

Fabiana von Bock

Die Strategiemanagerin Fabiana von Bock repräsentiert die junge Generation der unter 30-Jährigen, die für Unternehmen heute unverzichtbar sind. Sie bringen frischen Wind in tradierte Strukturen – wenn man sie lässt. Genau diese Möglichkeiten nutzt die Kölnerin bei Henkel, um die Themen Nachhaltigkeit, Vielfalt, Chancengerechtigkeit und Inklusion engagiert und mit vollem Einsatz voranzutreiben.

"Ich bin nicht nur eine Digital Native, ich bin auch eine Henkel Native", so stellt sich Fabiana von Bock, Jahrgang 1995, vor. Was sie damit sagen will: Seit Tag eins ihrer beruflichen Karriere arbeitet sie bei dem börsennotierten Klebstoff- und Konsumgüterkonzern aus Düsseldorf und musste sich außerdem gleich zu Beginn einer großen Herausforderung stellen. Da hatte die 19-Jährige gerade ihr duales Bachelorstudium bei der Henkel AG & Co. KGaA begonnen und wurde in der ersten Praxisphase als regionale Account-Managerin dem Beauty-Care-Bereich zugeteilt. Ihre Aufgabe: Sie sollte das Unternehmen vor einer Vielzahl von Kunden vertreten.

Mit dem Sprung ins kalte Wasser hat sie sich freigeschwommen. Sie musste bestehen vor meist doppelt so alten Geschäftskunden. "Ich bin sehr offensiv damit umgegangen, dass ich neu bin auf dem Posten", sagt die gebürtige Kölnerin. "Ich halte nichts davon, etwas vorzutäuschen, was man nicht ist." Immer authentisch bleiben, sich nicht verstellen: ein Grundprinzip, das sie auch auf ihrer jetzigen Position als Strategiemanagerin im Unternehmensbereich Adhesive Technologies beibehält.

Eine ähnlich prägende Erfahrung machte sie, als sie nach erfolgreich beendetem Studium und weiteren Stationen im Unternehmen als Senior Corporate Audit Managerin nicht nur durch Deutschland, sondern um die ganze Erde geschickt wurde. "Ich war so etwas wie ein Revisor, der bei Vertragspartnern im Ausland prüft, ob die Verträge eingehalten werden", erklärt sie. Eine spannende Aufgabe mit großer Verantwortung. Für Henkel war sie in England, Italien, Spanien, China, in den USA und sogar in Nigeria unterwegs. Die Jungmanagerin musste sich überall schnell zurechtfinden und manchmal herausfordernde Gespräche mit den Franchisenehmern führen. Mit knallharter Durchsetzungsstärke habe das aber weniger zu tun, sie verfolgt einen anderen Ansatz: "Ge-

> **„**
> Ich bin sehr offensiv damit umgegangen, dass ich neu bin auf dem Posten. Ich halte nichts davon, etwas vorzutäuschen, was man nicht ist.

meinsam nach Lösungen suchen, nicht gegeneinander arbeiten." Damit hält sie es bis heute.

Sie habe in relativ kurzer Zeit viel lernen dürfen, auch weil ihr Arbeitgeber jungen Menschen wie ihr von Anfang an Vertrauen geschenkt und ihnen eigenverantwortliche Projekte zugetraut hat. „Fail forward" heißt das Zauberwort, das bei Henkel propagiert wird. Wörtlich übersetzt mit „vorwärts scheitern" meint es fehlertolerantes Arbeiten. Schnell in eine neue Materie eintauchen, Out-of-the-box-Denken, offen sein für andere Impulse, das kommt Fabiana von Bocks Persönlichkeit entgegen. Bei Henkel durchlief sie verschiedene Abteilungen, wechselte vom Corporate Audit in den Unternehmensbereich Adhesive Technologies, in dem sie seit zwei Jahren tätig ist. „Es gibt immer die Möglichkeit, sich innerhalb des Unternehmens zu verändern, um herauszufinden, was am besten zu den persönlichen Stärken passt", sagt sie anerkennend.

In ihrem neuen Einsatzgebiet hat sie nun mit ganz anderen Produkten zu tun: Adhesive Technologies sind Klebstoffe, Dichtstoffe und Funktionsbeschichtungen. Henkel ist weltweit führend in diesem Segment, das mittlerweile die Hälfte des Gesamtumsatzes ausmacht. Wer da nur an Pritt-Stift und Pattex denkt, liegt falsch: Klebstoffe werden überall gebraucht, im Fahrzeugbau, in der Textilindustrie, in der Elektrotechnik. „Etwa 15 Kilogramm eines Kleinwagens entfallen auf Klebstoffe - auch Smartphones, Windeln, Kaugummis oder Sport-BHs enthalten unsere Klebstoffe."

> **„**
> Ich bin jetzt in einer Position, aus der heraus ich andere proaktiv unterstützen kann.

Als Strategiemanagerin geht ihr Blick in die Zukunft. Ihre Vision: die Transformation zu einer nachhaltigen Wirtschaft und Gesellschaft aktiv vorantreiben und helfen, die Natur zu schützen. Ihre Mission: gemeinsam mit der Industrie Lösungen für mehr Umweltschutz finden. „Unsere Dicht- und Klebstoffe ersetzen beispielsweise in Autos und Flugzeugen schwere Metallverschraubungen und können zu einer Gewichtsreduktion von 15 Prozent beitragen – und somit auch zu weniger CO_2-Ausstoß." Gleichzeitig steht die Weiterentwicklung eigener nachhaltiger Produkte und deren Herstellung im Fokus. An diesen wegweisenden Prozessen mitzuarbeiten, spornt sie an. „Ich bin jetzt in einer Position, aus der heraus ich andere proaktiv unterstützen kann."

Während der sieben Jahre, die Fabiana von Bock in Düsseldorf wohnte, fuhr sie jeden Tag mit dem Fahrrad ins Büro, ging oft vorher noch ins Fitnessstudio. Mittlerweile lebt sie wieder in Köln und läuft morgens ihre Runden durch den Stadtwald, bevor es an mindestens zwei Tagen

← Im Konzern mit Stammsitz in Düsseldorf gehören Begegnungen auf Augenhöhe zur Unternehmenskultur.

↑ Fabiana von Bock will etwas bewegen, engagiert sich für Vielfalt, Chancengerechtigkeit und Nachhaltigkeit.

↖ Immer auf Achse: Für Henkel war die Jungmanagerin auf der ganzen Welt im Einsatz.

pro Woche im Homeoffice an den Schreibtisch geht. Stillsitzen fällt der sportlichen Frau schwer: „Joggen ist für mich ein perfekter Beginn oder Abschluss des Tages." Als während der Pandemie die Reisetätigkeiten eingeschränkt waren, begann sie ihr berufsbegleitendes Masterstudium in Wirtschaftspsychologie. Es interessiert sie, wie Menschen sich verhalten und aus welcher Motivation heraus. Die Analysen und Erkenntnisse sind auch hilfreich für ihre Arbeit.

Neben ihrem Job nimmt sich Fabiana von Bock viel Zeit für ihr Engagement als Botschafterin für Diversity, Equity and Inclusion (DE&I) bei Henkel – gesellschaftliche Themen, die sie neben Nachhaltigkeit als Vertreterin der Generation Y besonders bewegen und für die sie brennt. „Mir geht es darum, bei anderen ein größeres Bewusstsein dafür zu schaffen." Fallen ihr irgendwo Ungerechtigkeiten auf, wird sie aktiv: „Auf die Menschen zugehen, hinterfragen und aufklären." Die Kunst dabei: aufrütteln, aber andere nicht vor den Kopf stoßen.

Im Konzern hat sie sich eingesetzt für das Format „Coffee Chats", 45-minütige Sessions zu verschiedenen Diversity-Themen wie LGBTQ+ oder Culture-Recruitment, bei denen sich die Mitarbeitenden austauschen können. Gestartet im Unternehmensbereich Adhesives Technologies, ist dieses Tool nun global für alle Henkelaner offen. Denn jede Person ist anders, hat unterschiedliche Bedürfnisse. „Führungskräften muss es gelingen, jeden Mitarbeitenden zu integrieren und Positionen zu schaffen, die Karrieren auch in Teilzeit ermöglichen." Ihre Ideen dazu hat sie gerade mit ihrem Team gepitcht. Genau das ist es, was Fabiana von Bock jeden Tag aufs Neue inspiriert: „Die Vielfalt der Menschen, mit denen ich täglich zusammenarbeiten darf, die Fülle der Entwicklungsmöglichkeiten und das Gefühl, überall willkommen zu sein."

KARRIERE-TIPPS

1
SEI AUTHENTISCH

Niemand kann alles wissen und schon gar nicht sofort. Also lieber mit offenen Karten spielen, wenn man in einem Bereich bisher kein hundertprozentiger Profi ist, davon ist Fabiana von Bock überzeugt. „Sei offen und transparent. Gib deinen Vorgesetzten ein Zeichen, wenn du in einem bestimmten Bereich noch mehr lernen möchtest."

2
IN FÜHRUNG GEHEN

Was zeichnet gute Vorgesetzte aus? Ganz einfach: „Menschen zuhören, verstehen und mitnehmen, alle inkludieren, niemanden ausschließen, komplexe Sachverhalte simpel erklären und andere überzeugen können."

3
ANDERS IST RICHTIG

Die Zahlen sind erschreckend: Bezüglich Diversity, Equity & Inclusion bildet Deutschland in repräsentativen Studien das Schlusslicht oder landet im Ranking im unteren Drittel. „Darum setze ich mich, wo es nur geht, für Chancengerechtigkeit ein", sagt Fabiana von Bock. Eine gute DE&I-Plattform hierfür: Beyond Gender Agenda.

Themen, zu denen Frau von Bock gern einen fachlichen oder persönlichen Austausch weiterführen möchte:
DE&I (Diversity, Equity & Inclusion) | Sustainability | Transformation in eine nachhaltige Wirtschaft

Interessierte können Kontakt aufnehmen über:
LinkedIn

LEITUNG DES GESCHÄFTSBEREICHS BÄDER
STADTWERKE MÜNCHEN GMBH, MÜNCHEN

Nicole Gargitter & Dr. Clara Kronberger

Nicole Gargitter und Dr. Clara Kronberger waren bei den Stadtwerken München die Ersten, die als Doppelspitze eine leitende Funktion einnahmen. Fachlich wie auch menschlich ergänzen sich die Betriebswirtin und die Physikerin perfekt.

Sie sind das, was man ein Dream-Team nennt – beide lachen an denselben Stellen, die eine vervollständigt den Satz der anderen und sie müssen sich nur anschauen, um zu wissen, wie es ihrem Gegenüber gerade geht. Kurz: Sie vertrauen sich blind, bestreiten aber hellwach und mit weit offenen Augen zusammen eine Führungsposition.

Die Betriebswirtin Nicole Gargitter und die Physikerin Dr. Clara Kronberger teilen sich seit April 2021 die Leitung der städtischen Bäder bei den Stadtwerken München (SWM), einem der größten Energie- und Infrastrukturunternehmen Deutschlands. Damit sind sie verantwortlich für alles rund um die Hallen-, Freibäder und Saunen an insgesamt 15 Standorten, von der Preisgestaltung bis hin zu Umbau- und Sanierungsmaßnahmen, unterstützt von einem Mitarbeiterstab aus 220 Festangestellten und etwa 80 Saisonkräften.

Topsharing ist der Begriff dafür, wenn zwei Personen gemeinsam eine Stelle in gehobener Position besetzen. Dabei haben Führungsduos eine lange Tradition: Schon das alte Rom wählte zwei Konsuln, bevor Cäsar die Macht an sich riss. Doch in etablierten Firmen nimmt das Prinzip erst jetzt so richtig Fahrt auf, auch Forscher sehen gute Chancen. Denn das Modell Jobsharing passt ideal in die Arbeitswelt von heute, in der immer mehr Wert auf eine gesunde Work-Life-Balance gelegt wird. Es gibt noch einige weitere gute Gründe: „Positiv ist, stets einen Sparringspartner an der Seite zu haben und Entscheidungen aus verschiedenen Perspektiven treffen zu können", sagt die Münchnerin Nicole Gargitter. Und Clara Kronberger, gebürtig aus Bregenz in Vorarlberg, ergänzt: „Die Vorteile liegen definitiv im kooperativen gemeinsamen Arbeiten und der Möglichkeit, Familie und Karriere zu vereinbaren." Beide haben Kinder, beide arbeiten Teilzeit, jede 30 Stunden die Woche. Die Vormittage sind sie zusammen da, eine übernimmt den Freitag ganz,

> „Die Vorteile liegen definitiv im kooperativen gemeinsamen Arbeiten und der Möglichkeit, Familie und Karriere zu vereinbaren.

die andere zwei zusätzliche Nachmittage. „Doch unser Modell ist dynamisch flexibel", so Nicole Gargitter, „mal macht die eine mehr, mal die andere, angepasst an die jeweilige Familiensituation." Wie hervorragend sie als Tandem funktionieren, beweisen sie seit sieben Jahren in verschiedenen Spitzenfunktionen bei den SWM, zuletzt leiteten sie den Bereich Strategie und Konzernsteuerung. Die zwei kamen etwa zur gleichen Zeit vor 13 Jahren zu den Stadtwerken München. Nicole Gargitter nach einer Ausbildung zur Bankkauffrau und BWL-Studium, Clara Kronberger hatte Physik studiert und wurde in Elektrotechnik promoviert. Sie arbeiteten beide im Bereich Telekomunikation, teilten sich ein Büro, mochten sich und wuchsen über die Jahre als Kolleginnen zusammen. Dann wurde die Stelle des Abteilungsleiters frei, sie wurden unabhängig voneinander gefragt, doch allein wollte das Angebot keine annehmen. „Ich hatte eine kleine Tochter, das hätte bedeutet, ich hänge auf dem Spielplatz die ganze Zeit am Telefon", erinnert sich Clara Kronberger. „Und ich war gerade in Kinderplanung", fügt Nicole Gargitter hinzu. Wer genau die Idee hatte, sich als Tandem zu bewerben, wissen sie heute nicht mehr. Auf jeden Fall aber waren sie die Ersten, ein Führungsduo stellte bei den Stadtwerken München bisher ein Novum dar. Mit proaktivem Engagement gaben sie zusammen eine Bewerbungsmappe ab, mit gemeinsamem Bewerbungsfoto und Anschreiben, legten ein durchdachtes Konzept vor und konnten so die Entscheider überzeugen.

> **Unser Tandemmodell ist flexibel, passt sich der jeweiligen Familiensituation an.**

Nicole Gargitter, 38, und Clara Kronberger, 41, ergänzen sich perfekt. Am Anfang ordneten sie ihre Zuständigkeiten nach ihrem beruflichem Background – eine war eher fürs Technische, die andere fürs Kaufmännische verantwortlich. „Das hat auf Dauer nicht funktioniert", meint Clara Kronberger. „Für die Mitarbeitenden war oft nicht klar, wer wofür Ansprechpartnerin ist." Jetzt setzen sie inhaltliche Schwerpunkte, teilen Projekte und Themen unter sich auf. „Die Bereiche Personalführung und Kostenverantwortung übernehmen wir aber gemeinsam", sagt Nicole Gargitter.

Damit so ein Arbeits- zum Erfolgsmodell wird, braucht es mehr als gute Organisation: vor allem gegenseitiges Vertrauen. „Und die absolute Gewissheit, dass sich keine auf Kosten der anderen profilieren will", sind sich beide einig, die auch privat befreundet sind. Wenn sich zwei zusammentun, sollte sichergestellt sein, dass sie gern miteinander kommunizieren und es als positiv wahrnehmen, das eigene Handeln in der gegenseitigen Bespiegelung immer wieder zu hinterfragen. „Es vergeht kaum ein Tag, an dem wir uns nicht Feedback geben", berichtet Nicole Gargitter. Ein kontinuierlicher und ehrlicher Informationsfluss sei

↖ Eine Hälfte der Doppelspitze: die Betriebswirtin Nicole Gargitter aus München
← Die andere im Gespann: die gebürtige Österreicherin und Physikerin Dr. Clara Kronberger

↑ Das Müllersche Volksbad – eins der 15 Bäder der Stadtwerke München

elementar, dieser müsse auch in schwierigen Situationen gewährleistet sein, ergänzt Clara Kronberger. „Das zeichnet unser Tandem aus."

Eine Bedingung haben die beiden Frauen gleich bei ihrer ersten Bewerbung als Doppelspitze gestellt: Sie wollten sich von einem Coach begleiten lassen. „Wir haben unsere Vorreiterrolle sehr ernst genommen", erklärt Nicole Gargitter. „Wäre unser Modell gescheitert, wäre es für nachfolgende Duos umso schwerer geworden." Zunächst sprachen sie mit der externen Expertin darüber, wie sie den operativen Alltag untereinander gestalten wollten. Mittlerweile geht es zudem um Befindlichkeiten und unterschwellige Emotionen. Wahrzunehmen, wo einen etwas stört oder etwas „am eigenen Ego kratzt", zu lernen, das offen anzusprechen und zu klären. Das Coaching hilft nicht nur ihnen selbst, sie nehmen einiges mit, was sie gegenüber den Mitarbeitenden anwenden können. „Wir wollten das Modell zum Fliegen bringen", sagt Clara Kronberger. „Zeigen, dass Topsharing funktionieren kann." Es funktioniert so gut, dass sich seitdem die Zahl der Führungsduos bei den Stadtwerken München erkennbar erhöht hat, schon in den Ausschreibungen wird die Möglichkeit zur Besetzung in Tandems geboten. Doch das schönste Lob sprechen sie sich gegenseitig aus. „Ich habe wirklich das Gefühl, dass ich durch Clara besser geworden bin", stellt Nicole Gargitter fest. „Besser als Führungskraft und besser als Mensch." Und Clara Kronberger erwidert: „Das kann ich nur zurückgeben." Ein echtes Dream-Team eben.

INFO & KONTAKT

Themen, zu denen Frau Gargitter und Frau Dr. Kronberger gern einen fachlichen oder persönlichen Austausch weiterführen möchten:
Topsharing | Coaching für Führungskräfte | Innovationsmanagement

Interessierte können Kontakt aufnehmen über:
LinkedIn

KARRIERE-TIPPS

1
KEIN PROBLEM!

Ein gutes Krisenmanagement beginnt, bevor die Krise da ist. Also: gleich offen darüber reden, wenn einen etwas stört oder man sich verletzt oder übergangen fühlt. Oft sind es nur vermeintliche Kleinigkeiten, die aber trotzdem für Unstimmigkeiten sorgen können. Eigene Befindlichkeiten nicht kleinreden, sondern wahr- und annehmen.

2
PROAKTIVES ENGAGEMENT

Selbst die Initiative ergreifen und in der Personalabteilung oder der Geschäftsführung den Vorschlag machen! Auch dann, wenn es das Modell Topsharing bisher in der Firma noch nicht gab.

3
EINEN PLAN HABEN

Wer eine Tandemführung anstrebt, sollte gut vorbereitet in die Verhandlungen gehen, Antworten auf mögliche Bedenken der Gegenseite haben und Lösungsvorschläge gleich mitliefern. Fragt die Geschäftsleitung, wie man den Informationsfluss sicherstellen wolle, könne man anbieten, Terminkalender und Postfach gemeinsam anzulegen. Außerdem: vorher überlegen, wie man dem Arbeitgeber die Vorteile der Doppelspitze am besten präsentieren kann.

4
TANDEM INTERESSIERT MICH. WIE FANGE ICH AN?

1. Sich informieren, wie es in der Firma generell mit Doppelspitzen aussieht. Manche Stellen sind explizit als Tandem ausgeschrieben. 2. In der Personalabteilung sein Interesse anmelden. Einige Unternehmen haben mittlerweile methodische Herangehensweisen, um nach passenden Tandems zu suchen. 3. Man kann aber auch in der Firma schauen, mit welcher Kollegin oder welchem Kollegen man sich so ein Modell vorstellen könnte.

REFERATSLEITERIN REGIONALES KLIMABÜRO
DEUTSCHER WETTERDIENST, MÜNCHEN

Gudrun Mühlbacher

Alle reden übers Wetter – und das Klima. Für Letzteres ist Gudrun Mühlbacher zuständig: Als eine der ersten Frauen auf dieser Position leitet sie in München das Regionale Klimabüro, das die Folgen von Temperaturveränderungen auf unsere Umwelt ermittelt und an Lösungen für die Herausforderungen des Klimawandels arbeitet. Mit ihrem Beruf hat sich die Diplom-Meteorologin auch ihren Kindheitstraum erfüllt.

Sie konnte das Wort noch nicht einmal schreiben, da wusste Gudrun Mühlbacher schon, dass sie einmal Meteorologin werden wollte. Es war der Großonkel, der damals bei der Grundschülerin aus Cottbus nachhaltig ihr Interesse für Wind und Wetter weckte, weil er, der Flugmeteorologe, so wunderbar von den schönen Wolken schwärmen konnte. „Ich habe es geliebt, mit welcher Hingabe er über die Formationen am Himmel sprach und wie bildhaft er darüber erzählen konnte", erinnert sie sich mit leuchtenden Augen. Ihre Begeisterung für das Wettergeschehen hält bis heute ungebrochen an, denn sie hat sich ihren Kindheitstraum erfüllt und „die Entscheidung bisher keinen einzigen Tag bereut". Seit zwölf Jahren leitet die Diplom-Meteorologin das Regionale Klimabüro des Deutschen Wetterdienstes (DWD) in München. Das Wetter und inzwischen speziell auch das Klima sind alltägliche und beliebte Gesprächsthemen. Jeder will wissen, ob es morgen regnet, die Sonne scheint oder wie warm es in Zukunft werden kann. Die Nachrichten enden verlässlich mit der Vorhersage des Wetters – und das zu berechnen, ist eine der Aufgaben des DWD, einer „Bundesoberbehörde im Geschäftsbereich des Bundesministeriums für Digitales und Verkehr", wie es offiziell heißt. Rund um die Uhr überwachen die meteorologischen Expertinnen und Experten die Atmosphäre, warnen vor wetterbedingten Gefahren, erstellen Statistiken und beraten. Straßen- und Autobahnmeistereien nutzen die Dienste genauso wie die Schiff- und Luftfahrt. „In Deutschland verlässt kein Schiff den Hafen und kein Flugzeug das Rollfeld ohne unsere Prognosen", weiß Gudrun Mühlbacher. Aber das ist nicht alles, neben den tagesaktuellen Vorhersagen gibt es auch noch jahrelange Beobachtungen und Berechnungen, denn: „Alles, was nicht Wetter

> **In Deutschland verlässt kein Schiff den Hafen und kein Flugzeug das Rollfeld ohne unsere Prognosen.**

ist, ist Klima", bringt es die 46-Jährige präzise auf den Punkt. Und dafür ist die Referatsleiterin mit ihrem 17-köpfigen Team zuständig.

Das Thema ist ihre Passion, insbesondere beschäftigt sie das Klima und dessen Wandel. Um valide Aussagen über Veränderungen der Temperatur oder des Niederschlags treffen zu können, braucht man zahlreiche Daten und Messreihen, die über einen Bezugszeitraum von 30 Jahren, einer sogenannten Normalperiode, erhoben und gesammelt werden. „Klimatische Berechnungen werden für die unterschiedlichsten Sektoren benötigt." Das mache, sagt sie, ihre Tätigkeit so interessant und so vielfältig. Die Klimabüros beraten Landesregierungen, Städte und Gemeinden über klimatische Auswirkungen, damit sie diese bei ihren Planungen und Bebauungen berücksichtigen können. Sie fertigen Sachverständigengutachten bei Versicherungsschäden an, betreuen Kurorte bei der Vergabe von Gütesiegeln, unterstützen manchmal sogar die Polizei mit Daten des DWD, wenn es um die Bestimmung von Liegezeiten bei Leichen geht. Genau genommen werden fast alle Bereiche unseres Lebens mehr oder weniger vom Wetter und Klima beeinflusst. Es sind auch diese Relevanz und Sinnhaftigkeit, die essenziell wichtig sind für die Beamtin des öffentlichen Dienstes.

Weg vom Wetter, hin zur Klimatologie: Der Richtungswechsel deutete sich für sie schon während ihres Meteorologiestudiums an der Freien Universität Berlin an. Nebenbei arbeitet sie damals für die Berliner Wetterkarte. Man kennt das

> **Was flexibles Arbeiten angeht, ist der öffentliche Dienst oft weiter als die freie Wirtschaft.**

aus den Nachrichten, wenn dort Hoch- und Tiefdruckgebiete angesagt werden. Früher wurden Kalt- und Regenfronten nach Frauennamen benannt, Sonnenschein war den Männern vorbehalten. „Diese einseitige Verknüpfung ist seit 1998 aber abgeschafft", sagt sie lachend. Berufserfahrung sammelt Gudrun Mühlbacher beim Deutschen Wetterdienst in Mainz und entdeckt dabei durch den sprichwörtlichen Wurf ins kalte Wasser mit der sofortigen Übernahme der stellvertretenden Referatsleitung ihr Interesse an Personalthemen und Führungsaufgaben. „Ich merkte, Teamleitung ist das, was ich machen möchte." Nach zwei Jahren konnte sie dort die Referatsleitung übernehmen und war mit 32 die Jüngste in dieser Position. Als sich 2011 beim DWD in München die Chance bietet, wechselt sie und wird Referatsleiterin des Regionalen Klimabüros, das für ganz Bayern zuständig ist. Sie war dann außerdem die Erste in dieser Stellung, die ihren Job von zu Hause erledigte, weil sie gerade ein Kind bekommen hatte. „Homeoffice in einer führenden Position, das war vor zwölf Jahren ein

← Ausstellungsstück: ein früheres Messgerät. Die ersten Wetteraufzeichnungen gab es um 1880.

↑ Meteorologisches Instrument zur Bestimmung der Windstärke auf dem Dach des DWD

↖ Klima- und Umweltschutz sind ihre Passion: Diplom-Meteorologin Gudrun Mühlbacher

Novum", lobt sie den auch in dieser Hinsicht zukunftsorientierten DWD. „Was flexibles Arbeiten angeht, ist der öffentliche Dienst oft weiter als die freie Wirtschaft." Weil es sich bei ihr bewährt hat, folgten andere Führungskräfte ihrem Beispiel. Inzwischen sind Homeoffice und flexibles Arbeiten beim DWD Alltag. Gudrun Mühlbacher verbringt weiterhin drei Tage in der Woche daheim vor dem Computer, an zwei Tagen ist sie im Büro in der Zentrale. Ebenso hat sie für die verschiedenen Anforderungen eine sinnvolle Aufteilung gefunden: vor Ort die Leitungsaufgaben und Mitarbeiterbesprechungen, im Homeoffice die fachlichen Angelegenheiten.

Ihre Freude am Wettergeschehen möchte sie auch anderen vermitteln. Und ähnlich wie damals ihr Großonkel fängt sie damit ganz früh an, bei der jungen Generation. Gudrun Mühlbacher leistet Beiträge im Kinderradio und im Kinderfernsehen, lädt Schulklassen zum Deutschen Wetterdienst ein, hält Vorträge und richtet sich dabei besonders an die Frauen. „Wir müssen sie vor allem bei der Vergabe von Führungspositionen besser im Blick haben."

Wenn Gudrun Mühlbacher in ihr Büro nach München kommt, verlässt sie um 4 Uhr morgens das Haus, sie wohnt mit ihrem Mann und den mittlerweile zwei Kindern im Berchtesgadener Land. Die gebürtige Brandenburgerin fühlt sich wohl im südöstlichsten Zipfel Bayerns, sie lebt gern in den Bergen und in der Natur, nicht nur aus meteorologischer Sicht und weil dort in der Nähe eine von 2000 deutschlandweiten Wetterstationen des DWD steht. „Wir sind so richtige Outdoor-Menschen." Die Familie ist viel draußen, geht wandern, häufig über mehrere Tage mit Übernachtungen in einfachen Berghütten. Sie möchte, dass ihre Kinder ebenfalls ein Gefühl für die Natur behalten und achtsam mit ihr umgehen. Schaut sie denn immer noch so gern in die Wolken? „Ja", sagt sie. „Ich finde sie einfach total schön. Sie haben so etwas unglaublich Energetisches."

KARRIERE-TIPPS

1
INFORMATIONEN EINHOLEN

Geht man in ein Bewerbungsgespräch, ist es gut, sich vorher über den Arbeitgeber zu informieren und ein paar Eckdaten zum Unternehmen zu kennen. Noch wichtiger ist, dass man sich mit der Firma identifizieren kann. Das gilt für jeden Job. „Ich wünsche einfach allen, dass sie begeistert sind von dem, was sie machen. Dann ist man auch erfolgreich in dem, was man tut."

2
EINFACH MAL REINSCHNUPPERN

Der Deutsche Wetterdienst hat zahlreiche Aufgaben und Bereiche. Entsprechend vielfältig sind die Themengebiete. Von der Wettervorhersage, Klimatologie, innovativen Entwicklungsprojekten, Messtechniken bis hin zur Datenverwaltung in der IT. Über Praktika oder Nebenjobs lassen sich erste Einblicke in die verschiedensten Sektoren gewinnen. Oftmals lohnt es sich auch, eine Karrieremesse zu besuchen, um sich über Berufsmöglichkeiten zu informieren.

3
SO MACHT DAS WETTER SPASS

Kinder und Karriere zu verbinden ist das eine, aber nicht das Einzige: Es gibt auch andere Zeiten im Leben, in denen Privates viel Raum einnimmt. Zum Beispiel, wenn die Eltern alt werden und Unterstützung brauchen. „Unser Arbeitgeber legt großen Wert darauf, dass seine Beschäftigten in allen Lebensphasen Beruf und Familie miteinander vereinbaren können."

Themen, zu denen Frau Mühlbacher gern einen fachlichen oder persönlichen Austausch weiterführen möchte:
Klima, Umwelt, Klimawandel | Frauen in Führung | Nachwuchs gewinnen und fördern

Interessierte können Kontakt aufnehmen über:
LinkedIn

INFO & KONTAKT

BEREICHSLEITERIN AGILE CONSULTING & ENGINEERING
MAIBORNWOLFF, MÜNCHEN

Stephanie Harrer

Zu Hause drei kleine Töchter, im Job eine Führungsstelle in Teilzeit und mit einem Tandempartner – wie soll das denn gehen? Im Fall von Stephanie Harrer geht das sogar sehr gut. Die IT-Spezialistin kann dabei vor allem auf die Unterstützung von Männern bauen.

Die erste Tochter war gerade geboren und Stephanie Harrer noch in Elternzeit, als ihr Chef sie fragte, ob sie sich denn vorstellen könne, eine neue Abteilung zu leiten. Klar, vorstellen schon und wollen auch, aber sie würde doch erst in ein paar Monaten zurückkehren in den Job. Und überhaupt, wie sollte das gehen, mit kleinem Kind? „Ach, das kriegen wir schon irgendwie hin", hatte ihr Vorgesetzter gesagt. „Du bist unsere erste Wahl und wir würden uns freuen, wenn du es machst."

Das ist jetzt acht Jahre her und seither leitet Stephanie Harrer den Bereich Agile Consulting & Engineering beim renommierten IT-Dienstleister MaibornWolff in München. Diese Abteilung, die sich auf die Implementierung agiler Methoden und Praktiken in Softwareprojekten fokussiert, wurde damals neu gegründet und von ihr mit aufgebaut. Als die IT-Spezialistin dann in Elternzeit ging, war für sie klar, dass jemand anderes die Führung der neuen Abteilung übernehmen würde. „Aber dass man mir auch mit kleinem Kind und weiteren in Planung die Aufgabe zutraute, war eine tolle Wertschätzung", sagt die 43-jährige Dreifachmutter, denn mittlerweile sind die Töchter zwei und drei auf der Welt.

Wie Leadership mit drei Kindern im Alter von 3 bis 9 Jahren geht? Mit einem beruflich wie privat gut organisierten Jobsharing-Modell: Mit ihrem Tandempartner teilt sich Stephanie Harrer in einer Doppelspitze den Führungsposten, mit ihrem Mann, der ebenfalls in der Firma tätig ist, paritätisch die Kindererziehung. Hinzu kommt ein Arbeitgeber, der viel für seine Beschäftigten tut.

Wie arbeitnehmerfreundlich der IT-Dienstleister MaibornWolff ist, davon zeugen all die Auszeichnungen als „Great Place to Work" oder „Bester Arbeitgeber". Sie sind so zahlreich, dass es langsam eng wird an den Wänden der Mitarbeiterlounge, einem lichtdurchfluteten Raum am Stammsitz in München mit riesiger

„ *Du bist unsere erste Wahl und wir würden uns freuen, wenn du es machst.*

Fensterfront und sensationellem Blick direkt auf die „Oktoberfestwiese", einladend gestaltet mit Sitznischen, kleiner Pantry, gepolsterten Bänken an langen Tischen, an denen sich die Beschäftigten zum Get-together treffen oder wie jetzt zum gemeinsamen Frühstück. „Der schönste Platz in der Firma", schwärmt Stephanie Harrer. „Früher waren hier die Büros der beiden Chefs." 1989 hatten die Studenten Holger Wolff und Volker Maiborn das Unternehmen für individuelle Softwarelösungen gegründet, das seither auf 900 Mitarbeiter mit neun Standorten in drei Ländern angewachsen ist. Und weil heutzutage eine zufriedene Belegschaft wichtiger ist als Statussymbole in Form schicker Offices, sitzt einer der Gründer nun in einem kleinen Kämmerlein, in das kaum mehr als ein Laptoptisch passt. „Er hat sich gesagt, warum sollen die schönsten Räume an die vergeben sein, die sowieso nie da sind." So geht moderne Unternehmenskultur. Zeitgemäß, vernünftig, an die Gemeinschaft denkend.

Wer so tickt, ist auch offen für flexible Jobsharing-Modelle. Führung in Doppelspitze haben die Gründer selbst vorgelebt. „Sie sind zu zweit gestartet und wussten aus Erfahrung, dass Duos eine Bereicherung für die Firma sind", sagt Stephanie Harrer. Ihr Tandempartner und sie haben von Anfang an gemeinsam den Bereich Agile Consulting & Engineering geleitet, dabei „Höhen und Tiefen zusammen durchgestanden". Es herrscht kein Konkurrenzdenken, sie können sich aufeinander verlassen. „Mein Teampartner unterstützt mich, springt ein, wenn es

> „Mein Teampartner unterstützt mich, springt ein, wenn es bei mir einmal unerwartet Ausfälle gibt. Das ist nicht selbstverständlich und dafür bin ich sehr dankbar."

bei mir einmal unerwartet Ausfälle gibt", sagt die sehr entspannt wirkende Mutter und Managerin. „Das ist nicht selbstverständlich und dafür bin ich ihm sehr dankbar."

Ihre Abteilung konzentriert sich auf die Umsetzung hochvernetzter, komplexer Softwareanwendungen im agilen Umfeld. Sie selbst ist maßgeblich für die Kundenakquise und das Business-Development zuständig, ist die Vermittlerin, die für die Kunden je nach Anforderung die Teams aus unterschiedlichen IT-Experten zusammenstellt. MaibornWolff ist spezialisiert auf individuelle Softwarelösungen für Firmen wie VW, Miele oder ProSieben. „Informationstechnologie wird überall gebraucht, im Display vorne im Auto, bei der Formularerstellung in Behörden oder zur Programmierung in Babyphones", erklärt die Diplom-Informatikerin, die vor elf Jahren als Softwareentwicklerin bei MaibornWolff anfing.

Der Dienstleister gilt als Pionier auf dem IT-Markt, doch auch dort sind weibliche

← Alles im grünen Bereich: Die Dreifachmama und Führungskraft strahlt gelassene Zufriedenheit aus.

↑ Manchmal greift auch die Informatikerin noch zu Stift und Notizbuch.

↖ Rückzugsort: für Videocalls oder wenn Stephanie Harrer mal in Ruhe arbeiten muss

würde." Diese Begeisterung hat sie sich bis heute bewahrt.

Seit der Geburt der dritten Tochter arbeitet Stephanie Harrer genau wie ihr Mann in Teilzeit, beide haben jeweils eine 80-Prozent-Stelle, jeder ist zwei halbe Tage zu Hause und dann für die Kinderbetreuung zuständig, am fünften Tag übernimmt die Oma. „Wir haben von vornherein entschieden, dass wir uns gemeinsam um die Kindererziehung kümmern wollen. Wir waren auch beide in Elternzeit", sagt sie. Darum ihr Tipp: „Augen auf bei der Partnerwahl."

Führung in Teilzeit – auch da ging Firmengründer Holger Wolff mit gutem Beispiel voran: Um nebenher eine buddhistische Ausbildung zu absolvieren, hatte er seine Arbeitszeit reduziert. Stephanie Harrer lässt sich ebenfalls regelmäßig coachen, es ist ihr wichtig, an sich und ihrer Rolle als Führungskraft zu arbeiten. Da geht es um Themen wie: lernen, zu delegieren, Ziele klar zu formulieren oder kein schlechtes Gewissen zu haben, weil man an zwei halben Tagen dem Tandempartner die Aufgaben überlässt. „Ich habe gelernt, wertzuschätzen, dass ich auch in Teilzeit einen wichtigen Beitrag leiste", sagt sie. Außerdem: Wenn es temporär eng wird, arbeitet sie länger, macht Überstunden, erhöht auf 100 Prozent und nimmt dann als Ausgleich eine Woche am Stück frei. Stephanie Harrer geht sehr verantwortungsbewusst mit ihrer Rolle um und macht ziemlich viel richtig. Das finden offenbar auch ihre Töchter. Auf die Frage, was sie denn mal werden wolle, antwortet die Mittlere: „Ich will Chefin werden. Wie die Mama."

Tech Engineers unterrepräsentiert, der Anteil liegt bei 10 Prozent. Darum sucht das Unternehmen gezielt nach Frauen mit IT-Expertise, setzt beim Recruiting bereits an den Universitäten an, achtet auf eine weiblichere Ansprache in Stellengesuchen und „lädt grundsätzlich jede Frau, die sich bewirbt, zum Vorstellungsgespräch ein". Als Mädchen in der Minderheit zu sein, das kannte Stephanie Harrer schon vom naturwissenschaftlichen Gymnasium und vom Informatikstudium in Passau. Doch ihr Vater, selbst Programmierer, förderte das Interesse der Tochter an technischen Fächern von klein auf. „Er hat mir immer vermittelt, dass es verschwendetes Potenzial sei, wenn ich nichts Technisches studieren

KARRIERE-TIPPS

1
AUGEN AUF BEI DER PARTNERWAHL

Klingt nicht romantisch, ist aber wichtig: „Sich vorher mit dem Partner über die Lebensplanung unterhalten", rät Stephanie Harrer. Macht er Karriere und sie bleibt zu Hause? Kümmern sich beide gleichwertig um die Kindererziehung? Geht auch der Vater in Elternzeit? So weiß man, was einen erwartet, und erlebt hinterher keine böse Überraschung.

2
PERFEKT UNPERFEKT

Frauen wollen alles sein: perfekte Ehefrau, perfekte Mutter, perfekt den Haushalt führen und Karriere machen. Bisschen viel verlangt. Darum rät die Diplom-Informatikerin: „Mal fünfe gerade sein lassen." Wenn die Wohnung nicht aufgeräumt ist, dann liegt halt gerade alles rum. Und die Kraft, die man noch übrig hat, nicht fürs Aufräumen vergeuden, sondern sich lieber selbst etwas gönnen. Stephanie Harrers Devise: „Good enough reicht völlig."

3
TEIL DES GANZEN

Der Ruf von Teilzeitarbeit ist nicht der beste: Oft wird suggeriert, sie sei ja kein vollwertiger Job. „Es besteht kein Grund für ein schlechtes Gewissen", findet die IT-Leiterin. „Auch mit reduzierter Arbeitszeit liefert man der Firma einen wichtigen Mehrwert. Außerdem verzichtet man für mehr Zeit auf einen Teil des Gehalts. Das vergessen viele."

Themen, zu denen Frau Harrer gern einen fachlichen oder persönlichen Austausch weiterführen möchte:
Frauen in Tech-Berufen | Storytelling: Austausch über Lebenswege | Mentoring | Recruiting von Studentinnen

Interessierte können Kontakt aufnehmen über:
*stephanie.harrer@maibornwolff.de
LinkedIn*

FORSCHUNGSGRUPPENLEITERIN
MAX-PLANCK-INSTITUT FÜR DIE PHYSIK DES LICHTS, ERLANGEN

Hanieh Fattahi

Darum sind weibliche Vorbilder so wichtig: Ihre Leidenschaft für die Wissenschaft verdankt Hanieh Fattahi einer engagierten Lehrerin an der Highschool in Teheran. Aus dem Iran nach Deutschland lockten die Experimentalphysikerin die größeren Möglichkeiten in der Forschung – am Max-Planck-Institut für die Physik des Lichts konnte sie sich als eine der wenigen Frauen eine eigene Forschungsgruppe aufbauen.

Hanieh Fattahi hat nichts Geringeres vor, als das menschliche Denken zu visualisieren. Ein großes Ziel. Dafür entwickelt sie gerade einen Fotoapparat, mit dem Moleküle in Aktion aufgenommen und so Vorgänge in den Nervenzellen dokumentiert werden können. Die Experimentalphysikerin leitet die Forschungsgruppe „Femtosekunden Feldoskopie" am Max-Planck-Institut für die Physik des Lichts in Erlangen, ihre Spezialgebiete sind Quantenoptik und ultraschnelle Laser.

Auf die Frage, woher ihr Interesse an der Physik komme, antwortet die gebürtige Iranerin, das habe auch ein wenig mit Mode zu tun. Lachend, weil ihr klar ist, dass es nach einem Klischee klingt. Aber an der Highschool in Teheran hatte sie eine Physiklehrerin, die den Lehrstoff so anschaulich und voller Begeisterung vermitteln konnte. „Wollte sie uns zum Beispiel Lichtwellen erklären, zog sie dafür oft Vergleiche aus der Mode heran", erklärt Hanieh Fattahi. Und während die Schülerinnen strenge dunkelblaue, fast ins Schwarz gehende Uniformen tragen mussten, stand die Lehrerin stets in farbenfrohem, trendigem Outfit vor der Klasse. Was im Iran zudem als Systemkritik gegen strenge Kleidervorschriften für Frauen verstanden werden kann. Sie wurde ihr Vorbild, fachlich und menschlich, und wies ihr den Weg in die Physik. Und wie damals ihre Lehrerin legt Hanieh Fattahi großen Wert darauf, ihre wissenschaftlichen Studien so zu erklären, dass sie jeder und jede versteht. Ihr sei es wichtig, „dass von ihren Ergebnissen nicht nur die Forschung einen Nutzen hat, sondern auch die Allgemeinheit im täglichen Leben". Die Experimentalphysikerin nimmt dabei insbesondere biologische Prozesse ins Visier. So untersuchte sie in ihrer Masterarbeit die Wirkung von Laserstrahlen auf Kollagenbündel in der Haut, am Max-Planck-Institut gelang es ihr und ihrem Forschungsteam, Moleküle mithilfe des ultraschnellen Lasers

> **„**
> Im Iran ist der Anteil an Physikstudentinnen sogar höher als in Deutschland.

zu erfassen. Davon könnte vor allem die Medizin profitieren: In Sekundenbruchteilen kann auf diese Weise die Zusammensetzung von medizinischen Proben gemessen werden.

Vor 15 Jahren, nach ihrem Masterabschluss in Teheran, kam Hanieh Fattahi nach Deutschland. Hier eröffneten sich für sie mehr Möglichkeiten in der Forschung und größere Freiheiten im Alltag. Als Frau durfte sie im Iran weder Fahrrad fahren noch ohne Kopftuch in die Universität gehen. Außerdem hatte sie mit der Physik ein Fach gewählt, mit dem man in ihrem Heimatland kaum Chancen habe, „viele finden nach dem Abschluss nicht mal eine Anstellung", erläutert sie. „Darum gibt es in dem Studiengang vergleichsweise so wenige Männer, während der Anteil an Studentinnen sogar höher ist als in Deutschland."

An der Ludwig-Maximilians-Universität in München schreibt sie ihre Promotionsarbeit. Ihr Thema: „Femtosekundenlaser der dritten Generation". Also Laser, die ultrakurze Lichtpulse senden. Um genau zu sein, im millionsten Teil einer milliardstel Sekunde. Ihre Promotion war der Startschuss ihrer akademischen Laufbahn, Hanieh Fattahi wurde ins Minerva-Fast-Track-Programm aufgenommen, ein Stipendium der Max-Planck-Gesellschaft für Wissenschaftlerinnen, das den Weg in eine eigene Forschungsgruppe ebnen soll und Auslandsaufenthalte ermöglicht. Eigentlich. Das Semester an der Harvard University konnte sie jedoch nicht antreten, weil der damalige Präsident Donald Trump Menschen aus muslimischen Staaten mit dem „Muslim

> **Wir sind auf einem guten Weg. In den letzten Jahren hat sich viel verändert.**

Ban" die Einreise in die USA verbot, obwohl Hanieh Fattahi auch die deutsche Staatsbürgerschaft besitzt. Stattdessen absolvierte die humorvolle und selbstbewusste Physikerin das Studiensemester dann an der University of Oxford.

Seit 2019 leitet sie die Forschungsgruppe am Max-Planck-Institut für die Physik des Lichts in Erlangen, lebt aber mit ihrem Mann, den sie in Teheran auf der Uni kennenlernte, im nahen Nürnberg. Ihre zwölf Mitarbeitenden sind ein internationales, diverses Team aus Studierenden, Doktoranden und Gaststudenten aus Korea, Indien, dem Iran, China und Deutschland. Sie kommunizieren auf Englisch, der derzeit dominierenden Wissenschaftssprache. Hanieh Fattahi kommt das sehr entgegen, ihr Deutsch sei immer noch ausbaufähig, sagt sie.

Wir hatten mit Angela Merkel eine studierte Physikerin als Kanzlerin, trotzdem ist die Physik immer noch ein Fach, in dem die Frauen hierzulande nach wie vor unterrepräsentiert sind. Das ist in den Naturwissenschaften nicht viel anders als in der Wirtschaft. „Je höher man kommt, desto weniger Frauen gibt

← Die Physikerin dokumentiert die Ergebnisse ihrer Studien.

↑ Technisch ist das Max-Planck-Institut für die Physik des Lichts in Erlangen auf dem neuesten Stand.

↖ Im Labor legt auch die Forschungsgruppenleiterin selbst noch Hand an.

↑ Ihr Interesse für die Physik wurde von einer Lehrerin an der Schule in Teheran geweckt.

es." Amüsiert erinnert sich Hanieh Fattahi an ihr Bewerbungsgespräch am Max-Planck-Institut. Die Statuten sahen vor, dass bei dem Interview mindestens zwei weitere Professorinnen aus dem Hause anwesend sein sollten. „Es fand sich allerdings nur eine, die restlichen mussten von anderen Universitäten dazugeholt werden." Die gute Nachricht aber ist: „Wir sind auf einem guten Weg. In den letzten Jahren hat sich viel verändert", so Hanieh Fattahis Beobachtung. Auch das Max-Planck-Institut hat die Zeichen der Zeit erkannt und bemüht sich aktiv, „Wissenschaftlerinnen auf meinem Level zu gewinnen". Mittlerweile werden immerhin 5 der 15 Forschungsgruppen von Frauen geleitet, also 30 Prozent.

Trotzdem ist es ihr wichtig, zu betonen, dass bei der Besetzung eines Postens weder Geschlecht noch Alter oder Herkunft eine Rolle spielen sollte. „Das Einzige, was zählt, ist die fachliche Kompetenz", sagt die Forscherin.

Hanieh Fattahi reist zu Gastvorlesungen an andere Universitäten oder zu internationalen Kongressen, die sie vor allem wegen des Austauschs mit anderen Wissenschaftlerinnen und Wissenschaftlern schätzt. Ihr Interesse gilt jedoch nicht nur den Femtosekunden, sie engagiert sich auch gegen den Klimawandel. Dafür hat sie einen virtuellen Buchclub gegründet, den „Greenroom Book Club", in dem jede zweite Woche in einer Internetrunde über ein anderes Klimabuch diskutiert wird. „Alle sollen darüber nachdenken, wie sie ihren Teil zum Erhalt der Umwelt beitragen können."

KARRIERE-TIPPS

1
TYPEN IN STEREO

„Teil des Problems sind unsere Gender Bias, unbewusste Verhaltensmuster oder Vorurteile gegenüber Personen, die anders sind oder aussehen als man selbst", sagt Hanieh Fattahi. Um diese abzubauen, bietet das Max-Planck-Institut spezielle Trainings an, die sich vor allem an die Führungskräfte richten.

2
PAUSENKNOPF

Was macht eine Physikerin, wenn sie nicht arbeitet? Um auf andere Gedanken zu kommen und mal abzuschalten, begeistert sich Hanieh Fattahi für Pflanzenkunde und setzt sich gern ans Klavier.

3
LERNEN, LERNEN, LERNEN

Wer sich für eine Forschungsarbeit am Max-Planck-Institut interessiert: fundiertes Basiswissen in Quantumoptik und der Photonik aneignen. „Denn der Teufel steckt oft im Detail", weiß Hanieh Fattahi. Und: Erfahrungen in Laborarbeit im Rahmen kleinerer Projekte sammeln, bevor man an die großen Projekte herangeht. Andererseits: Auch Quereinstieg ist möglich. Sie hatte in ihrem Team auch mal einen Studenten, der Materialkunde statt Physik studierte.

Themen, zu denen Frau Fattahi gern einen fachlichen oder persönlichen Austausch weiterführen möchte:
Klima und Umwelt | Frauen in der Wissenschaft | Gender Bias

Interessierte können Kontakt aufnehmen über:
LinkedIn

BEREICHSLEITUNG UNTERNEHMENSENTWICKLUNG
BRUNATA-METRONA, MÜNCHEN

Sylvie Ries

Der verantwortungsvolle Umgang mit Energie und der Umwelt im Immobilienbereich gehört zum Kerngeschäft der Brunata-Metrona. Als Sylvie Ries in dem Familienunternehmen anfing, stand gerade ein Generationswechsel an. Eine große Chance: Gemeinsam mit den neuen jungen Geschäftsführern hat sie bis heute die spannende Aufgabe, Trends für mehr Klimaschutz zu setzen und nach intelligenten Lösungen für die Wohnungswirtschaft in der Zukunft zu suchen.

Klimaschutz, Energiekrise, CO_2-Einsparungen – das sind die entscheidenden Themen unserer Zeit. Und was die Verbraucher aktuell am brennendsten interessiert, ist die Frage, wie hoch ihre Heizkosten sind und wie viel sie für ihren Energieverbrauch bezahlen müssen. Und da kommt Brunata-Metrona ins Spiel: Das Münchner Unternehmen ist einer der führenden Experten für das verbrauchsabhängige Erfassen und Abrechnen von Heizenergie, Wasser und Strom. Mit fernauslesbaren und digital vernetzten Erfassungsgeräten und Online-Services macht das Unternehmen Energieverbräuche transparent. Dadurch können Mieter ihr Nutzungsverhalten anpassen, Energie und Kosten einsparen sowie die Umwelt entlasten. Die Firma, die zur deutschlandweit tätigen Brunata-Metrona-Gruppe gehört, wurde 1949 von Diplom-Ingenieur Adolf Schmucker gegründet und ist immer noch in Familienbesitz, mittlerweile in dritter Generation. Sylvie Ries ist zuständig für die Strategie- und Geschäftsfeldentwicklung. „Mit meinem Team analysieren wir die aktuellsten Entwicklungen, prognostizieren Trends und leiten daraus Kundenbedürfnisse ab." Die Umwelt und Gesellschaftsstrukturen verändern sich, darauf muss auch ein Traditionsunternehmen wie die Brunata-Metrona reagieren. „Aktuell beschäftigen wir uns stark mit den Themen Energieeffizienz, Digitalisierung und Nachhaltigkeit. Die Aufgabe meines Teams ist es, neue Produkte und Geschäftsfelder zu entwickeln, um den Kunden intelligente Lösungen für das Energiemanagement anbieten zu können", erklärt Sylvie Ries. Sie hat den Weg des Hauses in die Zukunft aktiv mitgestaltet. Als sie vor 20 Jahren zu Brunata-Metrona kam, stand gerade ein Generationswechsel an. Der Seniorchef übergab an seine Tochter Petra Schmucker und ihren Cousin Prof. Dr. Christoph Schmucker, die beide seit 2004

> Den Mut haben, mal etwas zu übernehmen, was man noch nicht hundertprozentig kann.

als geschäftsführende Gesellschafter an der Spitze des Familienbetriebs mit etwa 750 Mitarbeitern stehen. „Es wurde damals jemand gesucht, der gemeinsam mit ihnen die Firma strategisch neu ausrichtet", sagt sie. Mit ihrem Jura- und BWL-Studium sowie Berufserfahrung in der Unternehmensberatung brachte sie genau die richtigen Voraussetzungen mit. Die Kombination passte perfekt, auch von der menschlichen Seite.

Sylvie Ries begann zunächst als Leiterin der Stabsstelle Unternehmensentwicklung, im Laufe der Jahre kam immer mehr Verantwortung für immer größere Projekte dazu, bis sie 2016 zur Bereichsleiterin befördert wurde. So ein Aufstieg ist natürlich kein Selbstläufer, Sympathie allein reicht da nicht. „Man muss auch selbst etwas dafür tun", resümiert sie und nennt Engagement und die Bereitschaft zur Verantwortung als entscheidende Erfolgskriterien. „Den Mut haben, mal etwas zu übernehmen, was man noch nicht hundertprozentig kann, und dann lernen, lernen, lernen."

Mit einem Generationswechsel gehen Veränderungen einher. Dabei ist es unerlässlich, eine Balance zu finden zwischen der Bewahrung der alten Werte und dem Anspruch zur Modernisierung. Mögliche Konflikte aufzulösen, das erfordert Fingerspitzengefühl, aber auch Durchsetzungskraft, um sich gegen Widerstände und Sprüche wie „Das haben wir immer schon so gemacht" zu behaupten. Ein gutes Training sei für sie die Zeit in der Unternehmensberatung gewesen, bei 90 Prozent Männeranteil habe man sich da ein dickes Fell zulegen müssen. Doch

> **„**
> _Als Führungskraft in Teilzeit arbeiten zu können, das war vor 20 Jahren noch nicht selbstverständlich. Ich war damit hier im Unternehmen die Erste._

ohne Diplomatie läuft nichts: „Will ich etwas erreichen, gelingt das nur, wenn ich die andere Seite von der Notwendigkeit der Erneuerungen überzeugen kann", weiß Sylvie Ries. „Gleichzeitig ist es wichtig, Verständnis für die Bedenken des anderen aufzubringen." Allerdings sollten Frauen sich von der Idee verabschieden, bei allen Everybody's Darling sein zu wollen, „man muss durchaus mal unangenehme Entscheidungen treffen". Auch bei Sylvie Ries geht nicht immer alles glatt und sie lag mit ihren Einschätzungen auch schon mal daneben. Doch die Kunst sei es dann, wie man mit Fehlern umgeht. Die Kauffrau und Juristin macht das auf eine sehr pragmatische sowie rationale Art und Weise: „Analysieren, was schiefgelaufen ist. Sich systematisch fragen: Was habe ich übersehen? An welcher Stelle hat es gehakt? Und es beim nächsten Mal besser machen."

← Ein selbst kreiertes Geschenk der Mitarbeitenden: „Nägel mit Köpfen machen" ist das Motto der Bereichsleiterin.

↑ Ein Geschenk des Teams an die Chefin: Der Elefantengott steht für Weisheit, Schutz und Gelassenheit.

↖ Berufliche Heimat: Seit über 20 Jahren fühlt sich Sylvie Ries wohl bei Brunata-Metrona

In den letzten Jahren hat sie gemeinsam mit der Geschäftsleitung und den Teams einige Innovationen auf den Weg gebracht, die neben der Erschließung neuer Geschäftsmodelle dazu dienen, den Verbrauchern einen effizienteren Umgang mit Energien und Ressourcen zu ermöglichen. Ein Beispiel ist die Gründung des internen Innovationslabors Brunata N3XT, das sich verstärkt mit Smart Homes und vernetzten Gebäuden auseinandersetzt.

Mit der Nachfolgegeneration hat sich ebenfalls innerhalb der Firma einiges verändert. Die Frauen in Führungspositionen bei der Brunata-Metrona werden mehr, vor allem auf Abteilungsleiterebene. „Das hat sicher damit zu tun, dass Geschäftsführerin Petra Schmucker selbst Mutter ist", vermutet Sylvie Ries. Als sie ihre beiden Kinder, heute 16 und 12 Jahre alt, bekam, hatte sie die Möglichkeit, zunächst in Teilzeit tätig zu sein und konnte ihre Position behalten. Damit nahm sie eine Vorreiterrolle ein: „Als Führungskraft in Teilzeit arbeiten zu können, das war zu der Zeit noch nicht selbstverständlich. Ich war damit hier im Unternehmen die Erste." Ebenso habe sich bei den Männern etwas getan, ihr Bewusstsein für die Vaterrolle sei größer geworden.

Das Familienunternehmen unterstützt sowohl die weiblichen als auch die männlichen Mitarbeitenden, in Elternzeit zu gehen. „Eine optimale Work-Family-Balance, eine starke Team-Atmosphäre und individuelle Entwicklungsmöglichkeiten – das hat mich in meiner Karriere sehr unterstützt." Und hat sicher auch dazu beigetragen, dass Sylvie Ries schon so lange dabei ist. „Ich hatte immer wieder die Möglichkeit, mich in neue interessante Themen und Geschäftsfelder zu vertiefen, Innovationen voranzutreiben und mich persönlich weiterzuentwickeln. Von daher hatte ich nie das Bedürfnis, zu wechseln!"

KARRIERE-TIPPS

1
MUT ZU ENTSCHEIDUNGEN

In einem sich schnell ändernden Umfeld gilt es, auch mal schnelle Entscheidungen unter Unsicherheit zu treffen. „Auch wenn nicht alles zu 100 Prozent analysiert wurde, muss man manchmal einfach handeln und sich trauen!"

2
NETZWERKEN, NETZWERKEN, NETZWERKEN

Ohne Netzwerke geht es nicht, sowohl beruflich als auch privat. Sich Zeit nehmen für die Beziehungspflege, sich mit anderen austauschen und connecten, das sei so wichtig und erleichtere so viel, findet sie. Frauen sollten das intensiver nutzen. „Genau wie die Männer, die haben das schon immer gemacht."

3
AUSPOWERN

Sport als Ausgleich muss sein, und das am besten täglich. „Zumindest versuche ich es", sagt Sylvie Ries. „Aber bloß kein Stress, wenn es mal nicht klappt." Für sie ist frühmorgens die optimale Zeit, „das gibt mir eine Grundrelaxtheit für den Tag".

Themen, zu denen Frau Ries gern einen fachlichen oder persönlichen Austausch weiterführen möchte:
Klimaschutz | Energiemanagement im Immobilienbereich | Digitale Transformation

Interessierte können Kontakt aufnehmen über:
LinkedIn

PROFESSORIN FÜR VOLKSWIRTSCHAFTSLEHRE, HOCHSCHULE MÜNCHEN, **FRAUENBEAUFTRAGTE** DER HOCHSCHULE MÜNCHEN UND **SPRECHERIN** DER LAKOF / HAW BAYERN

Prof. Dr. Elke Wolf

„Werde Professorin!" – mit diesem Aufruf sollen Akademikerinnen ermutigt werden, eine Karriere an einer Hochschule für angewandte Wissenschaften anzustreben. Dr. Elke Wolf ist selbst Professorin für Volkswirtschaftslehre in München und Mitinitiatorin der bundesweiten Kampagne. Bei dem Appell geht es der dreifachen Mutter nicht nur um die Erfüllung einer Quote. Viel wichtiger ist: Jede Frau mehr ist ein Gewinn für die Wissenschaft.

P

"Professoren sind auch nicht mehr das, was sie mal waren" – nämlich nicht mehr nur grauhaarige, ältere, etwas vergeistigte Männer in Breitcordhosen, Tweedjackett und Hornbrille, sondern weltoffene, moderne Frauen, die Kinder haben und mitten im Leben stehen. Der Haken an der Sache: Es gibt noch zu wenige davon. Der ironisch-provokante Slogan ist Teil einer deutschlandweiten Kampagne, die genau das ändern soll. Prof. Dr. Elke Wolf von der Hochschule München (HM) hat sie zusammen mit Prof. Dr. Brigitte Kölzer von der TH Rosenheim initiiert. Mit dem Aufruf „Werde Professorin!" möchten sie Akademikerinnen ermutigen, eine Professur anzustreben. Denn nach wie vor ist in Deutschland lediglich jede vierte Professur von einer Frau besetzt. Dabei ist mittlerweile etwas mehr als die Hälfte der Studierenden weiblich, bei der Promotion sind es immerhin noch 43 Prozent. „Der große Knick kommt danach, wenn es um die Professur geht", erläutert die Volkswirtin Elke Wolf, zugleich Sprecherin der Landeskonferenz der Frauen- und Gleichstellungsbeauftragten an bayerischen Hochschulen, kurz LaKoF. „Bei jeder Qualifikationsstufe gehen uns einige Frauen verloren."

Woran das liegt? „Die fachliche Expertise ist nicht das Problem", resümiert sie. Empirische Studien zeigen, dass die Noten von Mädchen und Frauen in der Schule und im Studium durchschnittlich sogar etwas besser sind als die der Jungs und Männer. Häufig spielen andere Gründe eine Rolle, wobei Elke Wolf als Wissenschaftlerin vorsichtig ist mit Verallgemeinerungen. Aber Fakt sei nun mal, dass weibliche Vorbilder fehlen. „Auch ich hatte in meinem Studium keine einzige Professorin." Natürlich darf man daneben den Einfluss von Erziehung, Sozialisierung und gesellschaftlichen Normen nicht vergessen. Immer noch werden Schülerinnen entmutigt, Studentinnen nicht gleichermaßen gefördert und Frauen in ihrer Karriere weniger unterstützt als Männer. „Wir müssen einfach zur Kenntnis

PROF. DR. ELKE WOLF

> 99
> Wir müssen einfach zur Kenntnis nehmen, dass der gesellschaftliche Wandel der gesetzlich verankerten Gleichstellung hinterherhinkt.

nehmen, dass der gesellschaftliche Wandel der gesetzlich verankerten Gleichstellung hinterherhinkt."

Ebenso beschäftigen sich Frauen häufiger mit Fragen der Lebensplanung und der Sinnhaftigkeit ihres beruflichen Werdegangs. Sie fragen sich: Bin ich taff genug für eine Führungsposition in einem männerdominierten und konkurrenzorientierten Umfeld? Will ich das überhaupt? Und: Was ist mit Kindern, wenn ich Karriere machen möchte? „Dabei ist eine Hochschulaufbahn ideal, um beides zu verbinden", meint Elke Wolf. Sie selbst hat mit ihrem Mann drei Kinder und ist seit über 15 Jahren Professorin an der Hochschule. „Natürlich hat man feste Präsenzzeiten, aber die Vorbereitung kann man sich relativ frei einteilen. Außerdem geht eine Professur auch in Teilzeit."

Genau das wissen viele nicht. Viele wissen auch nicht genau, wie ein Berufungsverfahren an den Hochschulen für angewandte Wissenschaften (HAW) funktioniert. Selbst wenn das Verfahren ähnlich ist wie an Universitäten, gibt es einen entscheidenden Unterschied: „Wir rekrutieren unsere Bewerberinnen aus der freien Wirtschaft und anderen Organisationen, um den Praxisbezug an den Hochschulen sicherzustellen." Für eine Professur an einer HAW ist keine Habilitation nötig. Neben der Promotion benötigt man stattdessen fünf Jahre Berufserfahrung, drei davon außerhalb einer Hochschule. Darüber aufzuklären ist eine der Aufgaben der LaKoF. Die Frauenbeauftragten der bayerischen Hochschulen vernetzen sich seit Jahrzehnten, sie veranstalten Infoabende

> „Strukturelle Probleme müssen auf politischer und organisatorischer Ebene angegangen werden."

und Seminare, in denen sie Bewerberinnen konkret auf die Berufungsverfahren vorbereiten, bis hin zu simulierten Berufungskommissionen. „Unser Hauptziel ist es, strukturelle Hindernisse für Frauen im Hochschul- und Wissenschaftssystem abzubauen", so die 53-Jährige. Aber die Geschlechterhierarchie kann nicht allein von den Frauenbeauftragten aufgelöst werden: „Strukturelle Probleme müssen auf politischer und organisationaler Ebene angegangen werden."

Etwas verändern zu wollen liegt in ihrer Persönlichkeit und ihrer DNA als Volkswirtin: „Eine Gesellschaft effizient zu gestalten und Ressourcen so zu verteilen, dass es am Ende allen so gut wie möglich geht, das ist ja die Grundidee der Volkswirtschaftslehre." Schon als Kind will sie verstehen, warum es arm und reich gibt und warum sich nichts daran ändert. Zusätzlich weckten eine „politisch sehr linke Tante" und ein Lehrer an der Schule ihr Interesse für Gesellschaft, Politik und Gerechtigkeit. Nach dem Abitur möchte sie, das „Landei vom Bodensee", in die große Stadt – und landet in Mannheim. „Nicht gerade die große weite Welt", sagt sie lachend, „aber mit einer ausgezeichneten Fakultät für VWL." Ihr

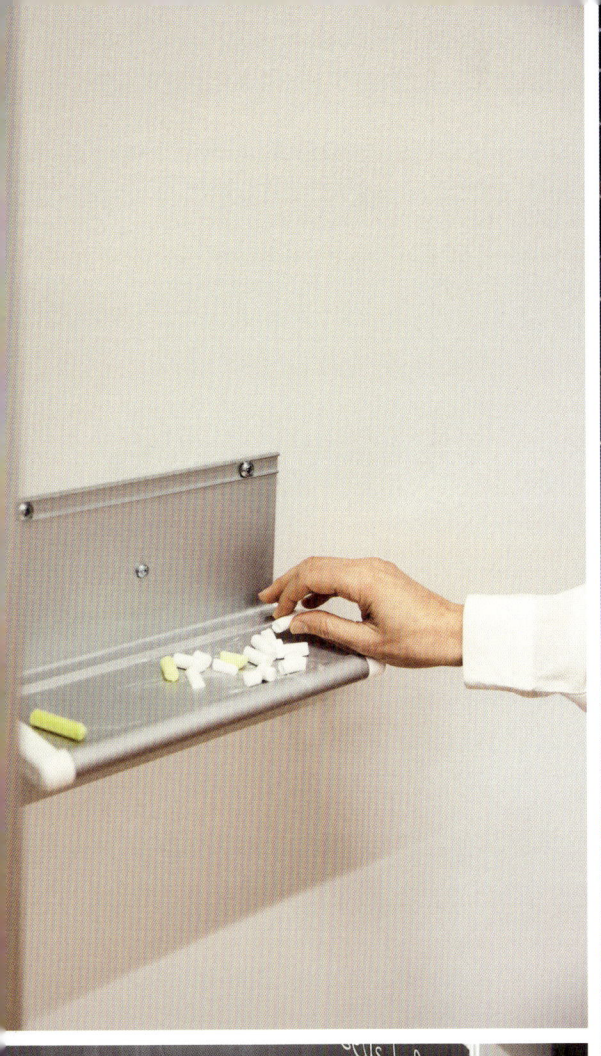

↑ Mehr Professorinnen in die Hörsäle – dafür setzt sich Prof. Dr. Elke Wolf ein.

↖ Trotz aller Digitalisierung kommt manches nie aus der Mode.

← Female Empowerment ist das große Thema der Volkswirtschaftlerin.

Weg zur Professorin war „kein ausgefeilter Karriereplan", er bestand aus vielen kleinen Schritten. Nach ihrer Promotion bewirbt sie sich auf „gut Glück" an ihrer jetzigen Wirkungsstätte für eine befristete Teilzeitprofessur und zieht 2005 mit der Familie nach München. Die erste Tochter ist da 2 Jahre alt, die zweite gerade unterwegs. Beim nächsten Berufungsverfahren ist sie mit dem dritten Kind schwanger. „Ich bin nie ins ganz kalte Wasser gesprungen, habe immer etwas vorgefühlt, bevor der nächste Schritt kam."

Frauen für Professuren zu begeistern ist für sie kein Selbstzweck. Man kämpft nie nur für sich allein. „Jede Frau mehr dient der Sache an sich." Denn Frauen stiften per se einen Mehrwert für die Wissenschaft: weil sie andere Fragen stellen, zu anderen Lösungen kommen, andere Erfahrungen gemacht haben. Die Forschung wurde lange maßgeblich von Männern bestimmt, sie haben entschieden, woran geforscht und was gelehrt wird. „Wir können gesellschaftliche Herausforderungen aber nur meistern und zu mehr Erkenntnissen gelangen, wenn wir verschiedene Perspektiven einnehmen", sagt die Professorin. Und eins ist mal klar: Ohne die Frauen wären manche wissenschaftlichen Gebiete nie erforscht worden. Darum hat Prof. Dr. Elke Wolf einen Wunsch: Frauen sollten sich diesen Mehrwert bewusster machen und diese Haltung selbstbewusster nach außen tragen. Wenn der Anteil der Frauen in der Wissenschaft höher ist, dann ist das viel mehr wert als bloß die Erfüllung einer Quote.

INFO & KONTAKT

Themen, zu denen Frau Prof. Dr. Wolf gern einen fachlichen oder persönlichen Austausch weiterführen möchte:
Frauen in der Wissenschaft | Geschlechterreflexive Forschung | Sichtbarkeit von Professorinnen | Gleichstellungsmaßnahmen

Interessierte können Kontakt aufnehmen über:
LinkedIn

KARRIERE-TIPPS

1
WAS WISSEN SCHAFFT

Ist wissenschaftliches Arbeiten bloß trockene Theorie? „Ich glaube, es gibt kaum einen Job, der einem so viel Freiheit bietet, Themen zu bearbeiten, die nicht nur für die eigene Karriere wichtig sind, sondern auch für die Gesellschaft", beschreibt Elke Wolf ihre Professur an der Hochschule München. Klingt nach Traumjob! Und guten Argumenten für andere Frauen.

2
DER KLEINE UNTERSCHIED

Der Feminismus und die Frauen haben sich verändert. „In den 1990ern wollten sie den Männern beweisen, und vielleicht auch sich selbst, dass sie es genauso gut können, indem sie es genauso machten wie die Männer", so die Einschätzung der promovierten Volkswirtin. Viele Frauen in Führungspositionen übernahmen männliche Attitüden. Seit einigen Jahren jedoch ist die Suche nach einem „weiblicheren" Weg zu beobachten. Die jungen Frauen wollen auf ihrem Weg ans Ziel gar nicht wie Männer sein. „Sie zeigen, dass sie anders sind. Wollen aber, dass dieses Anderssein gleichwertig behandelt wird. Und das ist gut so!"

3
HÖHER HINAUS

Was Elke Wolf ihrem jüngeren Ich raten würde: grenzenloser denken, sich größere Träume erlauben. „Im Nachhinein betrachtet waren meine beruflichen Vorstellungen limitierter als die mancher Kommilitonen." Was Mädchen früher einmal werden wollten, hatte unter anderem viel mit tradierten Rollenbildern zu tun. „In meinem Umfeld war nicht unbedingt vorgesehen, dass Mädchen studieren oder Karriere machen. Das war schon offensichtlich."

CYBER SECURITY ENGINEER
WKO, WIEN

Malika Mataeva

Gib niemals deinen Traum auf, auch wenn der Weg dahin noch so steinig ist: Vor 18 Jahren floh Malika Mataeva mit ihrem Mann aus Tschetschenien nach Österreich, bekam drei Kinder, wollte aber unbedingt studieren. Und sie hat es geschafft: von der Geflüchteten ohne Deutschkenntnisse zur Cyber-Sicherheitsexpertin. Eine berührende Geschichte, die Mut macht.

Was hatte sie sich alles anhören müssen: Als Ausländerin und mit drei Kindern würde sie es nie schaffen, zu studieren, mit Kopftuch bekäme sie sowieso keinen Job, bis hin zu dem Rat, sie solle sich doch lieber irgendwo als Putzkraft bewerben, statt von akademischen Ausbildungen zu träumen.

Doch Malika Mataeva zeigte es allen, ist konsequent ihren eigenen Weg gegangen und hat ihr Ziel erreicht: Die heute 37-Jährige hat an der Universität Wien genau das studiert, was sie wollte, nämlich Informatik. Und ist jetzt Cyber-Sicherheitsexpertin bei der WKO Inhouse der Wirtschaftskammern Österreichs. „Mein Traumjob in einem traumhaften Team", wie sie es bezeichnet. Ihre Arbeit umfasst alle Maßnahmen, die zur digitalen Sicherheit im Unternehmen beitragen. Dazu gehört der Schutz von Computern, Servern und anderen elektronischen Geräten in den Niederlassungen der WKO, die in weltweit 88 Ländern und in den neun Bundesländern der Republik vertreten ist. „Eine spannende Aufgabe: Wenn irgendwo bei uns im Netz virenverdächtige Fälle auftauchen, gehen wir wie Detektive auf die Suche nach dem Verursacher."

Für viele ist Studieren eine Selbstverständlichkeit, sie machen Abitur oder in Österreich Matura, schreiben sich irgendwo an einer Hochschule oder Universität ein. Keine große Sache. Für Malika Mataeva war es alles andere als selbstverständlich: Sie kam als Geflüchtete nach Österreich, war mit 18 zusammen mit ihrem Mann vor dem Krieg in Tschetschenien aus ihrer Heimatstadt Grosny geflohen. Erst mit dem Zug, dann zu Fuß über die Grenze von der Ukraine in die Slowakei. Sie schliefen im Wald, in verfallenen Häusern, wurden immer wieder verhaftet. Nach einer Odyssee durch verschiedene Flüchtlingsunterkünfte gelangt das Paar nach Oberösterreich und

MALIKA MATAEVA

„ Ich hatte nie eine Komfortzone, die ich verlassen konnte. Ich musste immer kämpfen und mich bemühen. Aber ich habe es geschafft.

wird von der Volkshilfe in einem leer stehenden Bürogebäude untergebracht. „Dort hatte jede Familie ein eigenes Zimmer", berichtet sie. „Es war eigentlich sehr schön, mit viel Natur drum herum." Aber weil es lange fünf Jahre dauerte, bis sie ihre Aufenthaltsgenehmigung erhielt, durfte sie vorher weder arbeiten noch eine Ausbildung machen. Die junge Frau nutzt die Zeit, um intensiv Deutsch zu lernen, und hilft als Übersetzerin aus. Außerdem kamen in dieser Zeit kurz hintereinander zwei ihrer drei Kinder auf die Welt.

Malika Mataeva wollte immer studieren, das war ihr Ziel. „In unserer Familie war das nichts Ungewöhnliches", sagt sie. „Meine Schwestern studierten, meine Mutter ist Bauingenieurin und war auf der Universität." Die Tschetschenin war schon früher sehr ehrgeizig, hatte gute Noten, durfte eine Klasse überspringen. Trotzdem unterstützten die wenigsten Menschen in Österreich ihre Ambitionen. Mittlerweile nach Wien umgesiedelt, trifft sie auf eine Berufsberaterin, die sie endlich ernst nimmt und ehrlich interessiert nach ihren Zukunftsplänen fragt. Malika Mataeva erzählt, dass sie zu Hause in Grosny als „Computerexpertin" galt, weil sie sich als Einzige mit den Geräten auskannte und in einer Baufirma am PC die Buchhaltung erledigt hatte. „Die Dame brachte mich auf die Idee, es doch mal mit einem Informatikstudium zu versuchen."

Gleich am nächsten Tag geht sie mit zwei kleinen Kindern an der Hand in die Wiener Universität, um sich zu informieren. Und weiß vom ersten Moment an:

> **„Für mich war das Studium viel mehr als nur der Start einer Ausbildung. Es war ein Schritt in ein anderes Leben und ich war nun ein Teil davon.**

„Genau hier will ich hin. Nach den vielen Unsicherheiten der letzten Jahre fühlte es sich an wie die Rückkehr in einen geordneten, geregelten Alltag." Bis die junge Tschetschenin ihr Studium beginnen kann, dauert es allerdings noch. Sie muss vier Prüfungen ablegen, um die österreichische Hochschulreife zu erlangen. Um die Betreuung ihrer Kinder sicherzustellen, wartet sie, bis ihr jüngster Sohn alt genug ist für den Kindergarten. Als die dreifache Mutter dann endlich in dem Universitätsgebäude mit der über 650-jährigen Geschichte in der imposanten Eingangshalle steht, ist sie so tief bewegt, dass ihr die Tränen kommen: „Für mich war es weit mehr als der Start einer Ausbildung", meint sie. „Es war ein Schritt in ein anderes Leben und ich war nun ein Teil davon." Sie war nicht mehr

↑ Stolz und selbstbewusst: Malika Mataeva hat ihr Ziel erreicht.
↖ Der Glaube ist der Muslima wichtig, er gibt ihr Halt.
← Unverzichtbares Arbeitsgerät der Cyber-Sicherheitsexpertin: ihr Computer

nur die Geflüchtete aus Tschetschenien, sie war jetzt Malika, die Studentin.

An der Universität entdeckt sie ihr Interesse für Datensicherheit und erlebt, was ihr Jahre gefehlt hat: Ihr wird Anerkennung entgegengebracht, sie wird von allen unterstützt. Professoren loben ihren Ehrgeiz und ihr Engagement. „Natürlich wollte ich es gut machen, ich hatte so lange dafür gekämpft. Und ich war dankbar, dort sein zu dürfen." Niemand guckt schief, weil sie ihren Hidschab natürlich auch in den Vorlesungen trägt, niemand lässt sie spüren, dass sie Ausländerin ist. „An der Uni zählt, was du kannst, nicht, wo du herkommst." Stattdessen erlebt sie fast eine Form von positiver Diskriminierung, wie sie amüsiert erzählt. Andere wollten sich ihr gegenüber bloß nicht falsch verhalten oder entschuldigten sich, wenn sie ihren Namen nicht richtig aussprachen.

Sie ist stolz auf das, was sie erreicht hat, und es macht sie glücklich, wenn sie andere Mädchen und Frauen inspirieren und motivieren kann. Malika Mataeva engagiert sich nebenher als Mentorin und Coach, hält Vorträge, geht in Schulen in sozial benachteiligten Vierteln, um Kindern mit ihrer Geschichte zu zeigen, dass es möglich ist, jeden Berufsweg einzuschlagen, egal wie schwierig es ist. „Ich hatte nie eine Komfortzone, die ich verlassen konnte", resümiert die Cyber-Sicherheitsexpertin. „Ich musste mich immer bemühen und kämpfen. Aber ich habe es geschafft und allen gezeigt, dass man mit der richtigen Motivation seine Ziele erreichen kann, unabhängig von den Bedingungen."

INFO & KONTAKT

Themen, zu denen Frau Mataeva gern einen fachlichen oder persönlichen Austausch weiterführen möchte:
Cybersecurity | Women in Technology Mutmach-Geschichten

Interessierte können Kontakt aufnehmen über:
LinkedIn

KARRIERE-TIPPS

1
EIGENLOB STINKT DOCH NICHT

Frauen sind oft zu selbstkritisch mit sich, stellen sich infrage und schätzen zu wenig wert, was sie erreicht haben. „Schluss mit der falschen Bescheidenheit", findet Malika Mataeva. „Seid stolz auf eure Erfolge und verschweigt sie nicht."

2
ALLES ODER NICHTS

Ein Tipp, den man sich am besten rahmen und übers Bett hängen sollte: „Wenn man nichts zu verlieren hat, kann man sich auch alles trauen."

3
DIE MUTMACHERIN

Malika Mataeva möchte mit ihrem Beispiel auch andere motivieren: „Geht euren eigenen Weg, und wenn ihn bis jetzt noch niemand gegangen ist, seid die Ersten."

4
HÖRT AUF ZU JAMMERN!

Manche machen gern mal die äußeren Umstände dafür verantwortlich, wenn es nicht klappt mit der eigenen Karriere. „Mein Weg war auch schwer", so die Sicherheitsexpertin. „Aber bevor man sich beschwert, sollte man wenigstens alles versuchen, um sein Ziel zu erreichen."

5
GUTES BEISPIEL

„Mich macht es stolz, wenn andere in mir ein Vorbild sehen. Gerade Frauen brauchen Role Models, die ihnen zeigen, dass es möglich ist, jeden Berufsweg einzuschlagen", ist sich Malika Mataeva sicher. Ihr größtes Vorbild: ihre Mutter, studierte Bauingenieurin, vier Kinder.

VICE PRESIDENT GLOBAL HUMAN RESOURCES
MAST-JÄGERMEISTER SE, WOLFENBÜTTEL

Antje Staffa

Alles fürs Team: Mit außergewöhnlichen Employee Experiences und Corporate Benefits will Antje Staffa bei Jägermeister das Wirgefühl stärken. In ihre Führungsrolle ist die Personalmanagerin mit mehr als 20-jähriger Berufserfahrung ganz organisch hineingewachsen. Die Rezeptur ihres Erfolgs: innere Unabhängigkeit, Empathie und sich für schwierige Zeiten mentale Ankerplätze schaffen, um wieder Kraft zu schöpfen.

E

Ein spektakuläres Entree mit Lichtinstallationen und Instagram-tauglichen Wanddekorationen, einladende Loungelandschaften, Sitzecken mit Bibliothek und Hängepflanzen, eine durchgestylte Kaffeebar – alles in poppigen 70er-Jahre-Farben von Knallorange bis Waldgrün: Wer zum ersten Mal ins „Wolfenbrooklyn" kommt, könnte meinen, er sei in einem coolen Designhotel in Downtown Manhattan oder Berlin-Mitte gelandet. Tatsächlich aber handelt es sich um die Co-Working-Area in der Zentrale der Mast-Jägermeister SE im niedersächsischen Wolfenbüttel. Hier können die etwa 600 Beschäftigten nicht nur flexibel arbeiten, sie können sich außerdem zum Ideenaustausch, Mittagessen und After-Work-Drink treffen oder in einer der Hängematten ein Powernapping einlegen. „Wir suchen immer nach Möglichkeiten, das Wirgefühl zu stärken", sagt Antje Staffa, die als Vice President Global Human Resources maßgeblich für die nationale und internationale Entwicklung des HR-Bereichs zuständig ist. „Unser Unternehmen steht für Gemeinschaft, das wollen wir auch intern leben." „Wolfenbrooklyn" ist ein Projekt von den Mitarbeitenden für die Mitarbeitenden, sie waren von Anfang an involviert, es gab Projektteams, wer Lust hatte, konnte sich beteiligen, der Name ist ebenfalls das Ergebnis einer Abstimmung aller. Das ist das Merkmal einer zeitgemäßen „New Work"-Unternehmenskultur: Anreize, also sogenannte Employee Experiences schaffen, damit die Belegschaft gern ins Office und gern zu ihrem Arbeitgeber kommt. Um den Team Spirit zu optimieren, hat Jägermeister noch einige „Corporate Benefits" mehr auf Lager: So gibt es einmal im Monat die „Meister-Weeks" zu bestimmten Themenschwerpunkten aus der Jägermeister-Welt – mit verschiedensten Veranstaltungen, externen Key-Note-Speakern und der traditionellen After-Work-Party. Das „Real-Life-Jäger-Date" ist ein internes Vernetzungstool, mit dem sich die Mitarbeitenden

ANTJE STAFFA

99
Unser Unternehmen steht für Gemeinschaft, das wollen wir auch intern leben.

per Zufallsgenerator zum Essen oder zum Kaffee treffen können, es dient auch dazu, „mal aus dem eigenen Teamkokon herauszukommen und Kolleginnen und Kollegen aus anderen Abteilungen kennenzulernen", so Antje Staffa, die die Jägermeister-WGs erwähnt.

Die Weiterentwicklung des Unternehmens gleicht einer kulturellen Reise, die nur zum Ziel führt, wenn die Führungskräfte ebenso in die Verantwortung genommen werden. Seit ihrem Einstieg bei der Mast-Jägermeister SE vor fünf Jahren forciert sie das Thema Leadership-Entwicklung für das globale Leadership-Team, „konsequent und mit einer gewissen Penetranz", wie die studierte Juristin gut gelaunt hinzufügt. Die Fragen an die Manager sind zum Beispiel: Wie halte ich den persönlichen Kitt im Team aufrecht? Wie schaffe ich es zusammen mit dem Team, dass alle weiter in die gleiche Richtung laufen? Jägermeister ist ein Phänomen: Der Erfolg der Firma basiert im Grunde auf einem einzigen Produkt, einem 1935 erfundenen Kräuterlikör, der einmal als spießig galt und durch cooles Branding zum Kultgetränk avancierte. Genau das war es, was Antje Staffa reizte, das Angebot aus Wolfenbüttel anzunehmen: „Ich wollte wissen, wie tickt eine Organisation von innen, die sich nach außen hin immer neu erfindet." Sie traf zunächst auf relativ hierarchisch ausgerichtete Strukturen, nicht ungewöhnlich für einen Betrieb, der seit Generation in der Hand einer Familie ist.

Aus ihren zehn Jahren bei Unilever war die Personalmanagerin anderes gewohnt:

> **„Ich wollte wissen, wie tickt eine Organisation von innen, die sich nach außen hin immer neu erfindet.**

internationaler Konzern mit Zentrale in den Niederlanden, zeitgemäße Unternehmenskultur, flache Hierarchien. „Ich hatte das Glück, dort mit Menschen zu tun zu haben, für die das Team im Vordergrund steht, und wo man sich gegenseitig für die jeweilige Unterschiedlichkeit schätzt", erinnert sich Antje Staffa, sportlich gekleidet in weißer Bluse und Chinos. Arbeitsmodelle wie Jobsharing oder Frauen auf allen Ebenen habe es dort schon lange gegeben.

Die Managerin mit über 20 Jahren Erfahrung im Personalbereich ist organisch hineingewachsen in ihre Führungsrolle, und das bereits von Kindheit an: Sie ist in Wismar aufgewachsen, in der ehemaligen DDR. „Im Osten haben nahezu alle Frauen gearbeitet, ihr gesellschaftlicher Stellenwert war ein anderer als im Westen. Die Entscheidung zwischen Kind und Karriere gab es für sie kaum", vergleicht Antje Staffa, selbst kinderlos, die Systeme. Dankbar ist sie insbesondere ihren Eltern, die ihr und ihrer Schwester großes Urvertrauen entgegengebracht und sie zu selbstbewussten Menschen

↑ „Wolfenbrooklyn" – die Work-Life-Balance-Area bei Jägermeister

↖ Die Gute-Laune-Chefin: Antje Staffa kann auch über sich selbst lachen.

← So macht Arbeit Spaß: Die Belegschaft hatte Mitspracherecht.

erzogen haben. „Ich war immer schon eher die Anführerin. Diejenige, die beim Schulsport nicht gewartet hat, bis sie gewählt wurde, sondern selbst ausgesucht hat, wer in ihre Mannschaft kommt", erzählt sie augenzwinkernd. Ein entscheidender Faktor auf ihrem Lebensweg war der Leistungssport, Turntraining fünfmal die Woche, ab dem zarten Alter von dreieinhalb Jahren. „Das hat mich geprägt im Sinne von Leistungsorientierung, körperlich an seine Grenzen zu gehen und Ängste im Kopf zu überwinden." Ein gesundes Selbstvertrauen führe zu innerer Unabhängigkeit, weiß sie aus Erfahrung. Und die brauche man, um sich ein Stück weit frei machen zu können von dem Bedürfnis nach Anerkennung. „Man kann es nie allen recht machen. Das zu verinnerlichen hilft enorm." Eine Einstellung, die sie neben Klarheit und der Fähigkeit, über sich lachen zu können, zu ihren persönlichen Stärken zählt.

Mut, aber auch Achtsamkeit sich selbst gegenüber gehören dazu, auf den Pausenknopf zu drücken und sich eine Auszeit zu nehmen, wenn man merkt, es geht nicht mehr weiter. Das war bei Antje Staffa der Fall nach einer beruflich wie persönlich schwierigen Zeit mit Unternehmenswechsel, Umzug von Heidelberg nach Berlin, Standortschließung, Entlassungen und vielen menschlichen Schicksalen, für die sich die HR-Managerin mitverantwortlich fühlte. „Das hat mich emotional sehr mitgenommen, ich brauchte und wollte eine Pause." Am Ende der Firmenabwicklung muss sie sich selbst entlassen, danach nahm sie 2017 ein Sabbatical. Den ersten Monat habe sie „nur geschlafen und sich gedanklich sortiert". Dann fing sie an zu reisen, allein, war auf Bali und Französisch-Polynesien, in Neuseeland, auf Sardinien und in Island. „Und am Ende des Jahres", sagt Antje Staffa, geschieden und danach zehn Jahre Single, „habe ich die Liebe meines Lebens getroffen."

Bis heute sind all die Eindrücke, die sie in fernen Ländern gesammelt hat, ihre „mentalen Ankerplätze": „Wenn ich Energie brauche, gehe ich gedanklich zurück auf die Reise und schöpfe daraus Kraft."

KARRIERE-TIPPS

1
SELBSTERKENNTNIS

Um Überforderung, aber auch Unterforderung zu vermeiden, gilt es, die eigenen Grenzen und Ressourcen zu kennen und Methoden, Rituale und Arbeitsweisen zu entdecken, davon ist Antje Staffa überzeugt. „Ganz wichtig: sich gerade im Alltag die Zeit nehmen, um mal Energie aufzutanken."

2
ZURÜCK ZU MIR

Wieder zu sich selbst finden, das gelingt meist nicht, wenn man mitten im Arbeitsalltag steckt. Als Antje Staffa vor ihrem Sabbatical schon einmal beruflich in einer Sackgasse steckte, hat sie sich drei Monate vom Job freigenommen, um sich zu sortieren. „Am besten ganz offen mit dem Arbeitgeber zusammen nach Möglichkeiten suchen, wie man es umsetzen kann."

3
KEINE EGOTRIPS

Als Führungskraft sollte man sein Ego ein wenig hintanstellen: „Eine solche Position zu haben bedeutet nicht, dass sich alle anderen nach meinen Bedürfnissen zu richten haben." Leiten geht nur mit Offenheit, Kritikfähigkeit und einem Lachen über sich selbst.

Themen, zu denen Frau Staffa gern einen fachlichen oder persönlichen Austausch weiterführen möchte:
Employee Experiences | Leadership-Coaching | New Work

Interessierte können Kontakt aufnehmen über:
LinkedIn

PEOPLE LEAD DIGITAL WORK
ATRUVIA AG, KARLSRUHE

Swantje Napp

Indische Kollegen, der französische Chef, ihr Mathelehrer und ein Schweigekloster – von allen und allem hat Swantje Napp für ihre jetzige Position bei der Atruvia AG gelernt. Die wichtigste Lektion: authentisch bleiben und niemals die eigene Persönlichkeit aufgeben.

Eine Frage, die Swantje Napp in jedem Vorstellungsgespräch stellt, lautet: „Was steht nicht in deinem Lebenslauf?" Sie fordert die Bewerbenden auf, etwas von sich zu erzählen, abseits der Fakten über Ausbildung und Berufserfahrungen. Manche berichten vom letzten Urlaub, den Kindern oder was ihnen gestern passiert ist. Manche sind irritiert, weil sie nicht wissen, was das jetzt mit dem neuen Job zu tun haben soll. „In einer Bewerbung zeigt man meist eine kuratierte Version von sich, zugeschnitten auf die jeweilige Stelle", sagt Swantje Napp. Sie aber möchte auch den Menschen kennenlernen, nicht nur, welche Befähigung sie oder er für den Job mitbringt. Denn man ist im Leben nicht bloß Mitarbeitender, man ist Vater oder Mutter, Freund oder Freundin, Ehefrau, Ehemann. „Die meisten haben außerhalb der Arbeit noch so viele andere Rollen und niemand soll seine Persönlichkeit an der Bürotür abgeben müssen."

Swantje Napp ist seit Herbst 2021 People Lead Digital Work bei der Atruvia AG in Karlsruhe. „Das Kerngeschäft des Unternehmens sind IT-Dienstleistungen für Volks- und Raiffeisenbanken", erklärt sie. „Daher kann man uns auch als privater Nutzer kennen. Öffnet zum Beispiel ein Volksbank-Kunde das Onlinebanking, steht unten auf der Seite ‚powered by Atruvia'." Nach einer großen Transformation vor drei Jahren hat die komplette Firma auf ein agiles Modell der Zusammenarbeit umgestellt. So wurden Führungspositionen auf zwei Personen aufgeteilt, genauso wie das Team „Digital Work" (interne IT). Der Tribe Lead kümmert sich vorrangig um die Entwicklung und Umsetzung der internen Digitalisierungsstrategie und des Produktportfolios. Als People Lead ist Swantje Napp dagegen zuständig für alles, was die Belegschaft betrifft, wie Neueinstellungen, Personalführung und -entwicklung. „Aktuell liegt mein Fokus auf Themen rund

> „Die meisten haben außerhalb der Arbeit noch so viele andere Rollen und niemand soll seine Persönlichkeit an der Bürotür abgeben müssen.

um New Work, Gesundheit, agiles Arbeiten und Steigerung der Innovationsfähigkeit in unseren Teams."

Bei ihrem letzten Arbeitgeber, der Deutschen Telekom, leitete sie bereits wichtige HR-Vorstandsprojekte, doch bei der Atruvia trägt sie zum ersten Mal die disziplinarische Verantwortung für rund 50 Mitarbeitende. „Davor hatte ich unglaublichen Respekt", gibt die 36-Jährige freimütig zu. Wie groß die Aufgabe ist, verdeutlicht eine Situation, die sie sich manchmal vorstellt: „Wenn die Mitarbeitenden zu Hause beim Abendessen sitzen und über die ‚Chefin' reden, dann meinen die ja mich! Mir ist daher sehr bewusst, welche Auswirkungen mein Verhalten auf deren Leben haben kann."

Viele verbinden das Chefsein nach wie vor mit einem gewissen Status, mit besonderen Privilegien, „für mich hat Führung vor allem mit Verantwortung und Demut zu tun". Darum achtet sie auf flache Hierarchien und ein Miteinander auf Augenhöhe, darauf, die Bedürfnisse der anderen genauso zu respektieren wie die eigenen. Präzise reflektierend, macht sie sich eine Menge Gedanken darüber, wie sie ihre Rolle ausfüllen will. Fragt sich: Wo setze ich mich durch? Wo lasse ich es laufen? Das sei immer eine Gratwanderung, gerade für junge Führungskräfte, die ernst genommen werden wollen. Aber Swantje Napp hat beschlossen: „Ich will im Job kein anderer Mensch sein als privat." Und sie ist nun mal nett, freundlich, zugewandt, jemand, der gern lacht und durchaus emotional sein kann. „Wer mich einstellt, kriegt 100 Prozent Swantje."

> Ich will im Job kein anderer Mensch sein als privat. Wer mich einstellt, kriegt 100 Prozent Swantje.

Zu Beginn ihrer Karriere war das anders, da galt es, Privates und Berufliches möglichst voneinander zu trennen, zu der Zeit habe es auch von ihr noch eine „Büroversion" gegeben. Das ändert sich, als sie ein Praktikum für Audi in Indien absolviert und merkt, dass die Kollegen dort an mehr als nur ihrer strukturierten, professionellen Art interessiert sind. „Da lernte ich, je authentischer und persönlicher ich war, desto weiter haben andere mir vertraut und geholfen."

Swantje Napp ist in Hannover geboren und wächst in der Nähe, in Wunstorf, auf. Mit 14 Jahren kommt die talentierte Fechterin in Bonn aufs Sportinternat. „Mein Ziel war die Weltrangliste, und das habe ich geschafft", erzählt sie. Beim Fechten sind Disziplin, Fokussierung, Präzision, Durchhaltevermögen, Agieren und Reagieren essenziell. Skills, die sie heute als Führungskraft unterstützen. Schon während der Schulzeit interessiert sie sich für Personalführung, speziell für den psychologischen Aspekt dahinter. Den direkten Weg über ein Psychologiestudium lässt ihr Notendurchschnitt nicht zu, darum beginnt sie zunächst ein Studium in Wirtschaftsrecht, das sie abbricht, weil

↑ Keine typische Büro-Atmosphäre: die Zentrale der Atruvia in Karlsruhe
↖ Immer schön authentisch bleiben, lautet die Devise von Swantje Napp.
← Sich Zeit nehmen für Ruhepausen: Die Teamleiterin geht mit gutem Beispiel voran.

es zu wenig mit dem zu tun hat, was sie eigentlich will. „Typisch norddeutsch", meint sie lachend. „Nicht lange drum rum reden, nicht lange fackeln." Die Fähigkeit, mit großer Klarheit schnell Entscheidungen treffen zu können, hilft ihr bis heute. Swantje Napp schwenkt um auf Sozialwissenschaften und Jura mit Schwerpunkt Arbeits- und Sozialrecht. Nach einem Jahr Unternehmenspraxis macht sie anschließend ihren Master in Human Resources und Management an der renommierten Leuphana Universität in Lüneburg.

Neugierig und begeisterungsfähig sein, sich weiterentwickeln wollen, das zeichnet Swantje Napp aus. Bei allem, was sie auf ihrem Lebensweg gemacht hat, habe sie etwas lernen und mitnehmen können, ist sie sicher. Wie von ihrem französischen Chef während eines Trainee-Einsatzes in Paris, der Jüngere ermunterte, indem er sagte: „Nur weil jemand einen Titel hat, heißt das nicht, dass er mehr Ahnung hat als du." Aus dem Sport weiß sie, dass Leistung das Ergebnis von Be- und Entlastung ist und nicht nur von noch mehr Leistung kommt. Das versucht sie, ihrem Team vorzuleben und mit gutem Beispiel voranzugehen. So verbrachte sie mehrere Tage in einem Schweigekloster, um zur Ruhe zu kommen und Dinge auszusortieren, die ihr nicht guttun. Ihr heutiges Führungsverständnis geprägt hat auch eine Geschichte aus der Schulzeit: Dort beeindruckte sie ein Mathelehrer, dem es gelang, die Leistungsträger zu beschäftigen und gleichzeitig die etwas Schlechteren so zu motivieren, dass sie den Anschluss schafften. „Das ist überhaupt mein bestes Verständnis von Führung", erklärt sie. Und weil sie immer offen für Neues ist, beschäftigt sie sich gerade viel mit dem Thema „Künstliche Intelligenz".

Natürlich muss am Ende auch Swantje Napp die Frage gestellt werden, was denn nicht in ihrem Lebenslauf steht? Sie lacht, ihre Augen strahlen dabei und sie erzählt, dass sie mit ihrem Mann, den sie auf Kuba kennengelernt hat, gerade einen Salsa-Kurs macht und dass sie gern ein Buch schreiben würde.

KARRIERE-TIPPS

1
SEI DU SELBST!

Mach, was deine Leidenschaft ist, und sei authentisch! Das ist Swantje Napps goldene Regel: „Lass dich in deiner Individualität nicht verändern. Am Ende sucht ein Unternehmen vielleicht genau jemanden wie dich. Überleg nicht, ob du dich anpassen musst, sondern verändere dein Umfeld, damit du in deiner Einzigartigkeit stark sein kannst."

2
ÜBER DEN TELLERRAND HINAUS

Homogenität ist zwar bequem, bringt einen aber oft nicht weiter. Also: „Nicht immer in derselben Bubble unterwegs sein." Das eigene Netzwerk erweitern, um sich mit unterschiedlichen Menschen zu den unterschiedlichsten Themen zu connecten. „Diejenigen, die anders sind als man selbst, können nützlich sein und einen aus der eigenen Komfortzone schubsen", meint People Lead Swantje Napp. „Genau die werden dir dabei helfen, als Person zu wachsen."

3
SAG DOCH WAS!

Der Klassiker in Meetings: Wer schreibt das Protokoll? Der Blick fällt auf die anwesenden Frauen, weil sie doch so eine schöne Handschrift haben. „Gar nicht erst damit anfangen", rät Swantje Napp. „Denk stets dran: Du gehst nicht in Meetings, um Protokolle zu schreiben. Du bist da, um deine Chance zu nutzen." Also: Mund aufmachen, sich zu Wort melden, präsent sein und einen wichtigen Beitrag leisten. „Denn wir haben alle was zu sagen."

Themen, zu denen Frau Napp gern einen fachlichen oder persönlichen Austausch weiterführen möchte:
Innovation Mindset | New Work | HR-Themen und ihre gesellschaftlichen Auswirkungen | Frauenförderung | ein Buch schreiben

Interessierte können Kontakt aufnehmen über:
LinkedIn

LEITERIN PERSONALMARKETING & -ENTWICKLUNG
KONZERN VERSICHERUNGSKAMMER, MÜNCHEN

Sonja Lindenberger

Höhen und Tiefen kennt Sonja Lindenberger aus eigener Erfahrung: Nach einem Burn-out hat sie die Reset-Taste gedrückt, noch mal von vorn angefangen und ist gestärkt aus der Krise hervorgegangen. Weil sie gelernt hat, auf sich zu achten. Das nützt der Abteilungsleiterin auch im Beruf: Self-Leadership wird im Personalmanagement immer wichtiger, denn je achtsamer man mit sich selbst umgeht, desto besser kann man andere führen.

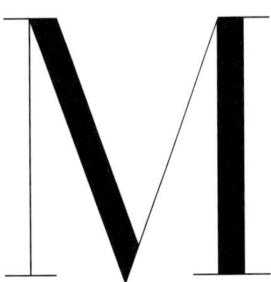

Manchmal kann ein Schritt zurück auch ein großer Fortschritt sein, weil er einen am Ende viel weiter bringt als rasante Karrieresprünge. Doch mitten im Lauf stehen bleiben, die Reset-Taste drücken und wieder von vorn anfangen, dazu gehört Mut. Sonja Lindenberger hatte ihn. „Dass es mutig war, ist mir erst viel später klar geworden. Zunächst einmal war es einfach eine Notwendigkeit", berichtet sie über den Einschnitt, der das Leben der Abteilungsleiterin für Personalmarketing und -entwicklung im Konzern Versicherungskammer von Grund auf veränderte.

Nach der Ausbildung zur Industriekauffrau und dem BWL-Studium hatte die gebürtige Münchnerin bei ihrem früheren Arbeitgeber als HR-Managerin schnell Karriere gemacht. Vielleicht zu schnell, denn auf einmal ging nichts mehr. Sie fühlte sich ausgelaugt, der Körper streikte, hinzu kam ein privater Schicksalsschlag. „Ein klassischer Burnout", erzählt sie offen. „Ich hatte schon länger gemerkt, dass mir der Job körperlich und mental nicht guttut, habe aber die Anzeichen zu wenig ernst genommen."

Sie zieht die Notbremse – und kündigt, ohne Sicherheitsnetz und ohne einen neuen Job in Aussicht zu haben. Viele würden nach einer Erholungspause vermutlich schleunigst versuchen, eine Stelle auf gleicher Ebene zu suchen. „Ich fordere mich schon gern, doch eine weitere Festanstellung hätte ich mir damals kräftemäßig nicht zugetraut." Durch ihren Zusammenbruch hat sie gelernt, fürsorglicher mit sich umzugehen und wahrzunehmen, was gut für sie ist – und was nicht.

Also macht sie den nächsten harten Cut, geht zurück auf Los und beginnt 2016 ein Praktikum in der Personalentwicklung im Konzern Versicherungskammer, Deutschlands größtem öffentlichen Personen- und Sachversicherer. „Natürlich war das ein Wagnis, aber als ich mich

„

Sich selbst hinterfragen, aber sich nicht infrage stellen.

entschieden hatte, fiel eine große Last von mir ab." Heute leitet sie die Abteilung und hat in der Zwischenzeit noch ihren Master in Wirtschaftspsychologie abgeschlossen. „Sich selbst hinterfragen, aber sich nicht infrage stellen" – das ist seit dieser Zeit zu ihrem Lebensmotto geworden.

Resilienz, Achtsamkeit, Selbstreflexion, Selbstfürsorge sind als Faktoren für zeitgemäßes Personalmanagement gefragter denn je. Heutzutage müssen Firmen so strukturiert sein, dass nicht nur der Betrieb gesund bleibt, sondern auch die Beschäftigten. Darüber hinaus gehört es zu den Aufgaben der Personalentwicklung, das Potenzial von Mitarbeitenden zu erkennen und ihre Weiterentwicklung durch gezielte Maßnahmen zu unterstützen. Führungskräfte tragen hier besonders viel Verantwortung. Darum ist es wichtig, ihnen neben den generellen Grundsätzen für Führung und Zusammenarbeit ganz praktische Methoden zur Bewältigung der gestiegenen Herausforderungen an die Hand zu geben. „Wir starten eine große Führungskräfte-Transformation, bei der unsere 800 Personen in führenden Rollen in den nächsten fünf Jahren verschiedene Module zu den Themen Leading Myself, Leading People und Unternehmensführung durchlaufen." Die Grundlage dabei ist die eigene Selbstführung – je besser man sich kennt, desto besser kann man auch andere leiten. Darunter fallen so konkrete Fragestellungen wie: Wie führe ich mich selbst, wie führe ich andere? Was sind meine Triggerpunkte? Wie sieht es mit der eigenen Work-Life-Balance

> **Selbstregulation und Selbstreflexion halte ich für essenzielle Leadership-Skills.**

aus? „Ich kann anderen schlecht sagen, macht keine Überstunden, wenn ich selbst aus dem letzten Loch pfeife", so die Personalentwicklerin. „Selbstregulation und Selbstreflexion halte ich für essenzielle Leadership-Skills. Beides ist nur möglich, wenn ich meine Ressourcen kenne."

Ein anderes Aufgabenfeld ihrer Abteilung ist das Personalmarketing. Es umfasst das Employer Branding, also die strategischen Maßnahmen einer Firma, um die eigene Marke nach außen hin zu stärken und sich als attraktiver Arbeitgeber zu zeigen: „Wir nutzen die Social-Media-Kanäle, präsentieren uns auf Messen und setzen vermehrt auf Corporate Influencer", sagt Sonja Lindenberger. Dabei werden Mitarbeitende als Markenbotschafter etabliert, weil es echt und authentisch wirkt, wenn sich die Menschen, die im Unternehmen tätig sind, selbst zeigen. Bei allem kommt es darauf an, die Balance zwischen Tradition und Moderne zu halten: Der Konzern Versicherungskammer blickt auf eine über 200 Jahre alte Geschichte zurück, die Kunden vertrauen gewachsenen Werten, und natürlich ist es das oberste Gebot einer Versicherung, Sicherheit zu

← Im Foyer des Bürogebäudes dominiert die Lichtinstallation von Stephan Huber.

↑ Der Konzern Versicherungskammer hat eine eigene Kulturstiftung mit Ausstellungen und Konzerten.

↖ Grundstimmung: relaxt. Sonja Lindenberger helfen dabei Yoga und Selbstfürsorge.

vermitteln. „Da können wir nicht alles umkrempeln und so tun, als seien wir ein hippes Start-up. Gleichzeitig dürfen wir nicht verpassen, moderne Impulse zu setzen", resümiert Sonja Lindenberger in ihrer mitreißenden Art. Sie ist dem Neuen zugewandt, ohne das Alte zu vergessen.

Dabei strahlt sie innere Gelassenheit aus und ist zugleich voller Elan und Tatendrang. So führt sie auch ihre Abteilung. Ihr ist es wichtig, ein Umfeld zu schaffen, in dem Mitarbeitende ihre Persönlichkeit im Büro nicht ausschalten müssen: „Wir sind schließlich keine Roboter." Regelmäßiger gegenseitiger Austausch wird ermöglicht durch eine lebendige Feedback-Kultur. „Natürlich ist es nicht schön, wenn dir jemand sagt: ‚Da habe ich mich übergangen gefühlt`, aber die Rückmeldung des Teams ist wichtig für Führungskräfte, um das eigene Verhalten zu überdenken", erklärt sie, weiß jedoch auch, dass es im Berufsalltag häufig anders aussieht: „Das Machtgefälle kann es mit sich bringen, dass sich Mitarbeitende oft unbewusst mehr oder weniger der Meinung der Führungskraft anpassen. Kritik zu äußern fällt dann besonders schwer. Darum funktioniert ein Miteinander auf Augenhöhe nur, wenn wir um unsere Wirkung wissen."

Sonja Lindenberger, die seit zwölf Jahren Yoga praktiziert, lernt gern dazu, um sich und das Verhalten anderer noch besser zu verstehen. Gerade hat sie privat eine Ausbildung für traumasensibles Coaching absolviert, eine Methode zur Klärung psychologischer Zusammenhänge auf neurobiologischer Ebene, „um Menschen zu unterstützen, ihre Selbstregulationsfähigkeit zu stärken". So wie sie auch für sich Strategien gefunden hat, mit Stress klüger umzugehen, um künftig einen Burn-out zu vermeiden. Nicht stehen bleiben, kontinuierlich an seinen Zielen arbeiten, aber lieber in kleinen Etappen, nicht den zweiten vor dem ersten Schritt tun. „Das Leben ist kein Sprint, sondern ein Marathon", diese Erkenntnis hat die Personalentwicklerin aus ihren Erfahrungen gewonnen. Und es ist ein Tempo, das genau richtig für sie ist.

KARRIERE-TIPPS

1
DAS IST DIE LÖSUNG!

Häufig spürt man es schon länger, wenn es knirscht. „Nicht warten, bis die eigenen Grenzen überschritten sind", weiß Sonja Lindenberger. „Es ist so wichtig, Warnsignale des Körpers ernst zu nehmen und auf die innere Balance zu achten." Ja, das erfordert Mut. Aber: Meist wird der auch belohnt.

2
ALLES UMSONST

Es geht auch günstiger als teure Seminare: einfach mal online gucken. „Es gibt zahlreiche kostenlose Veranstaltungen über LinkedIn oder andere Karriereportale", sagt Sonja Lindenberger. Dort werden Webinare oder digitale Kurzseminare angeboten. „Ich fand das bisher immer ganz hilfreich." Eine gute Sache vor allem für jüngere Frauen, die noch nicht so viel Geld investieren können. Zudem ergeben sich mitunter tolle Möglichkeiten zum Ausbau des eigenen Netzwerks.

3
KEIN GRUPPENZWANG

Ziele haben, sichtbar sein, sich strategisch in Position bringen – schön und gut. „Manche setzen sich da wahnsinnig unter Druck." Darum rät die Personalentwicklerin: „Nicht zu viel vornehmen." Und sich nicht verrückt machen lassen – schon gar nicht von vermeintlichen Normen. „Jeder tickt anders. Darum immer darauf schauen, ob das, was man tut, auch zu einem passt." Denn: kein Gruppenzwang! Was richtig für andere ist, muss für einen selbst noch lang nicht gut sein.

Themen, zu denen Frau Lindenberger gern einen fachlichen oder persönlichen Austausch weiterführen möchte:
Wirtschaftspsychologie | EQ-Leadership | Diversity

Interessierte können Kontakt aufnehmen über:
LinkedIn

TEAMLEITUNG ANWENDUNGSENTWICKLUNG
TECHNIKER KRANKENKASSE, HAMBURG

Katharina Ellermann

Mehr Frauen in die IT: Frauen wie Katharina Ellermann. Die junge Hamburgerin ist Teamleiterin bei der Techniker Krankenkasse und kam erst über einen kleinen Umweg zur Anwendungsentwicklung. Sie bringt beste Voraussetzungen mit: Als Schulsprecherin und Jugendgruppenleiterin hat sie schon früh gelernt, wie man Menschen zusammenführt.

Solange man kein Unternehmen erbt, kommt es nur selten vor, dass einem der spätere Arbeitgeber gleich mit in die Wiege gelegt wird. Bei Katharina Ellermann war genau das der Fall. Weil ihre Eltern bei der Techniker Krankenkasse versichert sind, ist sie es seit ihrer Geburt vor 31 Jahren auch. „Doch wie die meisten habe ich die TK lange nur als Gesundheitspartner wahrgenommen", sagt die Hamburgerin lachend. „Auf die Idee, dass man dort auch arbeiten kann, wäre ich früher nie gekommen."

Das ändert sich, als ein Headhunter auf die junge Wirtschaftsinformatikerin kurz nach ihrem Studium aufmerksam wird und sie für eine Stelle in der Anwendungsentwicklung der Techniker Krankenkasse in Hamburg empfiehlt. „Das ist das Privileg der Berufe, die zur Zeit besonders gefragt sind", erklärt Katharina Ellermann. „Anwendungsentwicklerinnen und -entwickler gehören dazu und als Frau in einem technischen Beruf hat man generell gute Chancen auf dem Arbeitsmarkt."

Bei der Techniker Krankenkasse, der größten deutschen gesetzlichen Krankenversicherung mit rund 11 Millionen Mitgliedern, betreut und entwickelt Katharina Ellermann mit ihrem Team das interne Anwendungssystem „TKeasy". Speziell verantworten sie dort den Bereich Leistungen, darunter fallen Themen wie Krankengeld, Kinderkrankengeld oder Zahnersatz. „Wir finden Lösungen für die Bedürfnisse von Menschen, und genau das mag ich an der Informatik so gern." Einen Beitrag für die Allgemeinheit zu leisten, etwas „Sinnstiftendes" zu tun, darauf legt die Softwareentwicklerin großen Wert. Das spielte auch bei der Auswahl ihres jetzigen Arbeitsgebers eine Rolle – gesetzliche Krankenkassen haben eine ganz besondere gesellschaftliche Verantwortung, zählen sie doch zu den fünf wichtigsten Säulen des deutschen Sozialversicherungssystems. Nach ihrem Einstieg als Anwendungsentwicklerin bei der TK wird sie zunächst

KATHARINA ELLERMANN

99
Wir finden Lösungen für die Bedürfnisse von Menschen, und genau das mag ich an der Informatik so gern.

Stellvertreterin des Teamleiters, mit dem sie mittlerweile das Team gemeinsam in einer Doppelspitze führt. „Wir haben immer gut zusammengearbeitet und hatten ähnliche Wertvorstellungen", sagt sie. Außerdem sei Arbeiten im Tandem sehr bereichernd, weil man dabei eine Menge über sich selbst lerne. Manchmal könne die ständige Selbstreflexion aber auch eine ziemliche Herausforderung sein. Genauso offen gesteht Katharina Ellermann ein, dass sie den sanften Einstieg gebraucht habe: „Ohne das Tandem hätte ich mir eine Führungsposition allein noch nicht zugetraut." Das sei, sagt sie, vermutlich so ein typisches Frauending. Sogar Studien belegen, dass Frauen sich oft unterschätzen. Sie trauen sich weniger zu als Männer und denken dafür häufiger, sie seien nicht gut genug. „Ich hätte mir mehr zutrauen können", sagt sie.

Gleichzeitig ist sie ein gutes Beispiel dafür, dass es junge Frauen trotz vieler noch bestehender Rollenbilder in eine Führungsposition schaffen können. Sie sieht sich durchaus als Vorbild mit der Funktion, anderen Frauen Mut zu machen und sie zu bestärken. Unterstützend wirkt der Arbeitgeber, die TK: Dem Vorstand gehört seit 2017 mit Karen Walkenhorst erstmals eine Frau an, in der Kommunikation intern und nach außen wird auf gendergerechte Sprache geachtet, es gibt alternative Jobmodelle, spezielles Mentoring, in jeder Geschäftsstelle eine Gleichstellungsbeauftragte und konkrete Zielvorgaben zur Erhöhung des Frauenanteils. Oft ist die Frage, auf welche Fähigkeiten es ankommt und was einem helfen

> „In der Jugendarbeit habe ich viel gelernt über Gruppendynamik, wie man Teams lenken und führen, aber auch Konflikte bewältigen kann."

könnte, erfolgreich ein Team zu leiten. Katharina Ellermanns großes Plus: Neben der fachlichen Kompetenz bringt sie zahlreiche Erfahrungen in der Gruppenarbeit mit, war in Sportvereinen in der Jugendarbeit aktiv, organisierte Turniere und Reisen. „Ich war eigentlich immer mehr an der Vereinsarbeit als am Sport selbst interessiert", erklärt die ambitionierte Führungskraft, die einen Jugendgruppenleiterschein hat und verschiedene Fortbildungen absolvierte. „Dabei erfährt man viel über Gruppendynamik, lernt, wie man Teams lenken und führen, aber auch Konflikte bewältigen kann." Egal ob als Schulsprecherin oder später im Studium als Leiterin der Orientierungseinheit für Erstsemester – ihr Engagement für die Gemeinschaft zieht sich von klein auf durch ihre Biografie. „Schon damals habe ich gemerkt, wie erfüllend es sein kann, jemanden in seiner Entwicklung zu unterstützen." Auch ihr Interesse für Technik und Naturwissenschaften wird früh durch ihren Vater geweckt, der als Ingenieur beim Fernsehen tätig ist. Als Kind ist sie fasziniert von all den Apparaten und blinkenden

↑ *Impressionen aus der Firmenzentrale der TK in Hamburg*
↖ *Leading Woman in der IT: Katharina Ellermann*
← *An die frische Luft: Der Gesundheitsaspekt wird bei Krankenkassen großgeschrieben.*

Lämpchen im Übertragungswagen, in der Schule liegen ihr besonders die MINT-Fächer. Das erste Schülerpraktikum macht sie in der Film- und Fernsehproduktionsfirma Studio Hamburg.

Um zur Informatik zu kommen, nimmt Katharina Ellermann allerdings einen kleinen Umweg: Zunächst beginnt sie ein duales Studium des Wirtschaftsingenieurwesens, absolviert den praktischen Teil in einer U-Boot-Werft in Kiel, wo sie in der Informationstechnik landet und den Arbeitsalltag dort viel spannender findet als in der Konstruktion. So spannend, dass sie ihr Ingenieurstudium abbricht und 2014 noch einmal ganz von vorn anfängt und sich für Wirtschaftsinformatik immatrikuliert. „Wahrscheinlich hätte ich auch ohne Studium einen Job gefunden", erklärt sie ihre Beweggründe, „aber ich wollte das, was ich in der Praxis gelernt hatte, mit Theorie unterfüttern."

Nach wie vor arbeiten weitaus weniger Frauen als Männer in der IT, in Deutschland sind es nur 17,5 Prozent, im Team von Katharina Ellermann liegt der Anteil bei etwas über einem Fünftel. Doch um mehr Frauen für technische Berufe zu begeistern, müsse wesentlich früher angesetzt werden. „Wir haben immer noch ein großes Problem mit Rollenstereotypen", sagt die Teamleiterin. „Schon in der Schule sollte für mehr Chancengleichheit gesorgt werden." Mädchen müssten viel intensiver ermutigt und bestärkt werden, in die naturwissenschaftliche Richtung zu gehen, und ihr Interesse für IT-Themen müsste gezielt geweckt werden. „Sonst geht der Gesellschaft ein riesiges Potenzial verloren." Mädchen müssen aufwachsen können, ohne – bewusst oder unbewusst – in stereotype Rollen gedrängt zu werden. Dafür braucht es engagierte Lehrerinnen und Lehrer und mehr weibliche Vorbilder, die in der IT leider bis heute rar sind. Vorbilder wie Katharina Ellermann.

KARRIERE-TIPPS

1
PERSONAL BRANDING

Keine falsche Bescheidenheit: selbstbewusst auf die eigenen Stärken schauen. „Wir Frauen tun uns damit nach wie vor eher schwer", vermutet Katharina Ellermann. Hilfreich: der Reality-Check. „Unsere Vorstellung von uns selbst entspricht nicht immer der Realität oder dem, was andere in uns sehen." Darum sich ruhig mal von anderen bestätigen lassen, was man alles kann. Das ist oft mehr, als wir selbst glauben.

2
DER BESTE TIPP: KEINE TIPPS MEHR

So nett gemeint Ratschläge sind, sie suggerieren stets auch: Das Individuum muss noch etwas tun oder an sich arbeiten, damit es mit der Karriere klappt. „Die Bringschuld wird auf den Einzelnen übertragen und entlässt die Gesellschaft aus ihrer Verantwortung, die erst einmal für bessere Voraussetzungen und Bedingungen sorgen sollte." Dazu gehören: das Hinterfragen unseres gesellschaftlichen Rollenverständnisses, geschlechtergerechte Bezahlung und echte Chancengleichheit.

3
NOBODY IS PERFECT

Man muss nicht schon alles können und beherrschen, wenn man eine neue Position antritt. „Auch in einer Führungsposition sollte Learning by Doing das Motto sein", davon ist die Teamleiterin überzeugt. „Und keine Angst vor Fehlern. Die sind menschlich und können jedem passieren."

Themen, zu denen Frau Ellermann gern einen fachlichen oder persönlichen Austausch weiterführen möchte:
Tandem-Leadership | Frauen in der IT | Gendersensible Sprache

Interessierte können Kontakt aufnehmen über:
LinkedIn

GESCHÄFTSFÜHRERIN
COMPASS INTERNATIONAL, STUTTGART

Elke Müller

Sie ist eine Pionierin auf ihrem Gebiet: Schon vor über 25 Jahren hat die Betriebswirtin Elke Müller erkannt, wie wichtig Global Leadership und die Internationalisierung in Unternehmen einmal sein werden. Mit ihrer Stuttgarter Firma compass international bietet sie Coachings und Workshops im Bereich Interkulturelle Sensibilisierung, Antidiskriminierung und Diversity an.

Andere Länder, andere Sitten: Lernen wir Deutschen jemanden kennen, fragen wir häufig als Erstes: „Und was machen Sie beruflich?" Wir lassen Privates außen vor und machen ungern Smalltalk. Diese direkte Art kann jemand aus einem anderen Kulturkreis irritierend finden. „Für Menschen aus dem angelsächsischen Raum ist es zum Beispiel enorm wichtig, sich zunächst über Persönliches auszutauschen", sagt Elke Müller, Geschäftsführerin von compass international. „Sie wollen erst einmal wissen, wer die Person ist, mit der sie es zu tun haben. Vor allem im Job können unterschiedliche Handlungsmuster zu Missverständnissen führen: So sprechen Deutsche generell Fehler sehr direkt an. „Ein Asiate würde das nicht tun. Weil er es unhöflich findet, jemanden so vor den Kopf zu stoßen."

Die Thematik gewinnt immer weiter an Bedeutung: Die Unternehmen stellen sich mehr und mehr international auf, beschäftigen Mitarbeitende aus anderen Nationen, es kommen verstärkt Fachkräfte aus dem Ausland nach Deutschland. Im Berufsleben haben wir also zunehmend mit anderen Kulturkreisen zu tun, und je besser man die neuen Kolleginnen und Kollegen versteht, desto leichter fällt die Zusammenarbeit.

Genau darauf hat sich Elke Müller mit ihrer 1996 gegründeten Firma compass international spezialisiert. Mit einem Team aus 13 Festangestellten und „einem Quotenmann" berät und schult sie Unternehmen und Organisationen in internationaler Personalentwicklung, Onboarding, Diversity und interkultureller Sensibilisierung, denn die Betriebswirtin mit Schwerpunkt Human Ressources Management beschäftigt sich seit vielen Jahrzehnten leidenschaftlich mit den Auswirkungen von Vielfalt auf das Arbeitsleben. Außerdem hat sich das in Stuttgart ansässige Unternehmen einen Namen als Relocation-Dienstleister gemacht. In diesem Bereich betreuen Elke Müller und ein Team aus 25 freiberuflichen Relocation-Consultants im

> **Das Wichtigste ist, sich bewusst zu machen, dass wir alle Stereotype im Kopf haben.**

ELKE MÜLLER

Jahr rund 1000 internationale Fach- und Führungskräfte bei ihrem Umzug nach Deutschland: „Wir kümmern uns um Arbeits- und Aufenthaltsbestimmungen, Wohnungssuche, Behördengänge und unterstützen gezielt die Integration."

Ein verständnisvolleres Miteinander im Berufsleben und über Grenzen hinweg, das ist der empathischen Geschäftsfrau ein besonderes Anliegen. Um das zu fördern, bietet sie mit einem Trainerpool aus 60 freiberuflichen Experten und Expertinnen interkulturelle Coachings, Antidiskriminierungs- und Diversity-Workshops an. Da muss oftmals erst Überzeugungsarbeit geleistet werden, denn einige Kunden sagen: „Sensibilisierungstraining? Nice to have, aber brauchen wir nicht. Das kriegen wir auch allein hin." Doch gerade in mittelständigen Firmen würde der Integration internationaler Mitarbeiter meist noch nicht die nötige Aufmerksamkeit geschenkt. Das führt dann zu enttäuschten Beschäftigten bis hin zu Kündigungen. Absolvieren Unternehmen dann aber mal so ein Training, sind sie im Nachhinein oft dankbar. So verabschiedete sich ein Firmenchef mit den Worten: „Wenn ich vorher gewusst hätte, was ich hier gelernt habe, dann hätte ich einige meiner Mitarbeiter nicht verloren."

Häufig spielen unbewusste Diskriminierungen und Vorurteile eine Rolle, die schon bei der Bewerbung anfangen. Wir umgeben uns am liebsten mit Menschen, die einem ähnlich sind. Sieht jemand anders aus, hat eine andere Herkunft oder Hautfarbe, sind wir voreingenommen. Und es sei leider immer noch so, dass sich jemand mit einem arabisch klingenden Namen deutlich öfter bewerben muss als jemand, der Müller oder Schmidt heißt, berichtet die 58-Jährige. „Das Wichtigste ist es, sich bewusst zu machen, dass wir alle diese Stereotype im Kopf haben."

> „Es geht um Annäherung, darüber reden, sich zu fragen, woher kommen die Vorurteile?

Darum dienen ihre Workshops oder Coachings insbesondere dem besseren Verständnis füreinander: „Es geht um Annäherung, darüber reden, sich zu fragen, woher kommen die Vorurteile?" In den Seminaren arbeiten die Trainer und Trainerinnen mit konkreten Fallbeispielen aus dem Berufsalltag, sie vermitteln verschiedene Kommunikationstechniken und klären über kulturelle Unterschiede auf.

Elke Müller kennt die Welt, sie reist viel, so oft es geht, zieht es sie mit ihrem Mann nach Nepal, das „zu meinem zweiten Zuhause geworden ist". So war die Initialzündung für ihr Unternehmen auch eine Reise nach Indien. Dort wurde sie erstmals mit kulturellen Unterschieden im persönlichen Kontakt und speziell in geschäftlichen Verhandlungen konfrontiert. Nach den freundlichen Gesprächen mit den Indern war die deutsche Delega-

← *Die Frauen feiern: In Indien und Nepal wird die hinduistische Göttin Saraswati, die Göttin der Weisheit und Gelehrsamkeit verehrt.*

↑ *Fernöstlich: Nepal ist ihr zweites Zuhause geworden.*

↖ *Das Leben ist grau genug: Elke Müller bringt Farbe hinein.*

tion ratlos. „Wir konnten das überhaupt nicht einordnen. War das jetzt gut oder schlecht verlaufen?", erinnert sich Elke Müller. Danach hat sie der Bereich Interkulturelle Kommunikation nicht mehr losgelassen und sie baute daraus ihr Business auf, „damals noch das absolute Exotenthema". Nach zahlreichen Jahren im HR Management beim Einzelhandelsverband Baden-Württemberg stand ihr sowieso der Sinn nach Veränderung, und so wagt sie 1996 mit einer Kollegin und einem kleinen Seminarangebot den Schritt in die Selbstständigkeit. „Das Risiko war gering, wir arbeiteten freiberuflich, hatten lediglich ein kleines Büro angemietet und hatten nicht viel zu verlieren, wenn es nicht geklappt hätte." Erst als sie 2006 das Relocation-Unternehmen von einer Trainerkollegin übernimmt und damit vier festangestellte Mitarbeiter, hatte sie plötzlich nicht mehr nur für sich Verantwortung: „Das war noch mal eine ganz andere Herausforderung."

Irgendwo neu anzukommen, fremd zu sein, das kennt Elke Müller aus ihrer Kindheit: Geboren im Saarland, zieht sie mit ihren Eltern dauernd um, „quer durch die Republik", weil der Vater häufig die Stelle wechselt, bis die Familie im Stuttgarter Raum sesshaft wird. Als Neue in der Klasse erlebte sie dann auch gleich, wohin Verständnisprobleme führen können: Weil sie beim Diktat nichts verstand, sagte sie zur sehr schwäbisch sprechenden Lehrerin, sie möge doch bitte mal deutsch reden. Das kam so gut an, dass ihre Mutter direkt in die Schule zitiert wurde.

INFO & KONTAKT

Themen, zu denen Frau Müller gern einen fachlichen oder persönlichen Austausch weiterführen möchte:
Interkulturelle Kommunikation | Diversity und Anti-Bias | Onboarding und Integration internationaler Fachkräfte

Interessierte können Kontakt aufnehmen über:
LinkedIn
info@compass-international.de
www.compass-international.de/kontakt/
(Website mit Möglichkeit zur Terminvereinbarung)

KARRIERE-TIPPS

1
SENSIBLER SEIN

Ein häufiges Beispiel für Alltagsdiskriminierung ist die Frage nach der Herkunft. Weil wir dabei nur von Äußerlichkeiten ausgehen, kann die Frage die andere Person verletzen. Darum empfiehlt Elke Müller, sein Interesse besser mit „Was hat dich hierher verschlagen?" statt „Wo kommst du her?" zu bekunden.

3
PERSÖNLICHER SEIN

Amerikaner und Briten beherrschen die Kunst des Smalltalks perfekt. Wir Deutschen kommen gern ohne Umschweife zu den Hard Facts, und das ist häufig: der Beruf. „Im geschäftlichen Kontext ruhig mal die Person und nicht die Tätigkeit in den Vordergrund stellen." Das kommt international oft besser an und zeigt, dass einen auch der Mensch an sich interessiert.

2
WIR SIND AUCH NOCH DA!

Wenn internationale Mitarbeitende zu uns kommen, sind diese selbst oft durch das berufliche Umfeld integriert und finden Anschluss. Da meist jedoch die Familie mit umzieht, können sich Frau und Kinder allein gelassen fühlen in der neuen Heimat. Elke Müller wünscht sich, dass die Unternehmen auch die Angehörigen der Ex-Pats mehr berücksichtigen: „Bei Betriebsferien oder Firmenveranstaltungen gern die Familie mit einladen." Sie würde es außerdem begrüßen, nicht nur dem Arbeitnehmer, sondern auch den Angehörigen einen Deutschkurs anzubieten. „Die kosten nicht die Welt, sind aber ein Zeichen von Wertschätzung und ernst gemeinter Integration." Gleiches gilt umgekehrt: Englisch-Auffrischungskurse für deutsche Mitarbeitende hält sie ebenso für eine gute Sache.

INHABERIN UND GESCHÄFTSFÜHRERIN
CADBAUTEAM, MÜNCHEN

Sabine Hertel

Frau am Bau: Mit viel Herz für ihre Mitarbeiter und noch mehr Verstand konnte sich die Münchnerin Sabine Hertel in der Männerdomäne behaupten. Als One-Woman-Show gestartet, zählt ihre Firma cadbauteam heute zu den größten Konstruktions- und Planungsbüros im deutschsprachigen Raum.

Von der alleinerziehenden Einzelkämpferin zur erfolgreichen Unternehmerin, so fasst Sabine Hertel kurz und knapp ihren beruflichen Werdegang zusammen. Doch dahinter steckt kein Schnellstart von null auf hundert, sondern eine über die Jahre ganz organisch gewachsene Karriere, die auf einem grundsoliden Fundament steht.

Das passt auch im übertragenen Sinn, denn das Metier der Selfmadewoman ist die Baubranche. Als Inhaberin des Konstruktionsbüros cadbauteam in München betreut sie mit ihrer Mannschaft jährlich etwa 150 überregionale Projekte jeder Größenordnung, vom Gebäudekomplex mit 440 Wohnungen über Hotels, Schulen, Parkhäuser bis hin zu LNG-Terminals. Spezialisiert ist die Firma auf Schal- und Bewehrungsplanungen, was konkret bedeutet: Für reibungslose Arbeitsabläufe auf der Baustelle brauchen die Arbeiter Pläne mit genauen Anweisungen. Und für alles, was auf dem Bau mit Betonarbeiten zu tun hat, liefert cadbauteam die Pläne, die als Grundlage für die Ausführung dienen. Wurden Bauzeichnungen früher noch von Hand mit Tusche erstellt, erledigen das heute spezielle CAD-Programme auf dem Computer.

„Die Praxisnähe, der enge Bezug zur Baustelle, das begeistert mich auch nach 30 Jahren im Beruf noch", erklärt Sabine Hertel mit spürbarer Freude am Job. „Zu sehen, wie sich mithilfe deiner Pläne etwas Reales entwickelt, das ist etwas Wunderbares. Am Ende steht da ein fertiges Gebäude, etwas zum Anfassen, nichts Abstraktes."

Schon früh faszinieren sie Baustellen mehr als das Modegeschäft ihrer Mutter, das sie einmal übernehmen sollte. Stattdessen absolviert die Münchnerin eine Ausbildung zur Bauzeichnerin, beginnt danach ein Bauingenieursstudium, das sie nach dem Vordiplom aber abbricht. „Mir fehlte die praktische Arbeit", erzählt Sabine Hertel. Außerdem wird 1994 ihr Sohn Moritz geboren, zwei Jahre später ihre Tochter Viktoria, und als alleinerziehende Mutter muss sie einfach Geld

> *Der enge Bezug zur Baustelle begeistert mich auch nach 30 Jahren im Beruf noch.*

verdienen. Sie ist als freie Bauzeichnerin tätig, bekommt viele Aufträge, ist gut gebucht. „Ich konnte mir die Arbeit relativ frei einteilen, mit Kindern war das natürlich ideal." Der Nachteil: Sie hatte wenig Zeit für anderes. Urlaube fielen ganz flach oder nur sehr kurz aus und „dann saßen die Kinder oft allein am Strand und ich arbeitend im Hotel", resümiert die Unternehmerin, die sich heute immerhin ab und an ein Yoga-Retreat oder zwei Wochen Lappland mit dem Hundeschlitten gönnt.

Nach zehn Jahren freier Tätigkeit wird die Wohnung unterm Dach zu klein für die zahlreichen Aufträge. Sie wagt den Schritt in die Selbstständigkeit, startet zur Untermiete bei einer Baufirma und stellt eine Werkstudentin ein. 2013 der nächste Schritt: Umzug mit nun drei Angestellten in ihr jetziges Büro, einen charmanten Altbau in München-Schwabing. Mit der Größe und Menge der Bauvorhaben stieg auch die Mitarbeiterzahl kontinuierlich an, aktuell leitet sie ein 19-köpfiges Team aus Bauingenieuren, Bauzeichnern, Werkstudenten, Auszubildenden und zwei Teilzeitkräften. Damit gehört ihr Konstruktions- und Planungsbüro zu den größten seiner Art im deutschsprachigen Raum.

Genauso stetig ist Sabine Hertel an ihren Aufgaben gewachsen, hat sich in organisatorische Herausforderungen wie Existenzgründung, Buchhaltung, Arbeitsverträge, Personalfragen eingearbeitet. Für übereilte, riskante Investments ist sie nicht der Typ. „Allein wäre es etwas anderes. Aber ich trage schließlich Verantwortung für meine Mitarbeiter und

> **„ Wir verbringen so viel Zeit unseres Lebens mit Arbeiten, darum muss die Arbeit Spaß machen und lebenswert sein.**

meine Kinder", begründet sie ihre fürsorgliche Haltung.

Eine zufriedene Belegschaft hat für die so pragmatische wie herzliche Chefin die höchste Priorität. „Wir verbringen so viel Zeit unseres Lebens mit Arbeiten, darum muss die Arbeit auch Spaß machen und lebenswert sein." Ihre Firma soll ein Wohlfühlort sein, an dem sich ihr Team aus sieben verschiedenen Nationalitäten gern aufhält und austauscht. Ein Ort in familiärer Atmosphäre, an dem konzentriert gearbeitet, jedoch ebenfalls mal gefeiert oder Fußball am Tischkicker gespielt wird. Die offen gestalteten Räume hat Sabine Hertel nach Feng-Shui-Kriterien eingerichtet, sie hat sich extra zur Beraterin ausbilden lassen. Sogar eine „Feelgood-Managerin" gibt es, die an zwei Tagen die Woche vegetarisches Mittagessen für alle kocht, das an der langen Tafel eingenommen wird, an der sonst Besprechungen stattfinden. Die Bedürfnisse ihrer Mannschaft nimmt sie ernst: Weil überall Kita-Plätze fehlen, hat sie kurzerhand für zehn Jahre einen betriebseigenen Betreuungsplatz „gekauft". Ob bei neuen Arbeitsmodellen, Überstundenregelung, Fachkräftemangel,

← Trotz viel organisatorischer Arbeit ist die Geschäftsführerin noch nah an der Praxis.

↖ Die Gute-Laune-Wand: Sabine Hertel sammelt positive Affirmationen, Erinnerungsstücke und Urlaubskarten ihres Teams.

wenn der Staat zu wenig tut, handelt sie eben selbst. Was es bei ihr nicht gibt, ist „Gezicke". Das würde die Chefin überdies sofort unterbinden. „Unser Plus sind Verlässlichkeit und Schnelligkeit", sagt sie. „Das funktioniert nur mit einem Team, das sich auch in Stresssituationen blind versteht." Weil die junge Generation heute „eher einen Coach statt eines Chefs sucht", bezieht sie Mitarbeitende früh in Entscheidungen mit ein, überträgt ihnen Verantwortung und schickt sie vor Ort auf die Baustellen. Nach wie vor eine Männerdomäne, die sich erst langsam wandelt, ist auch dort für sie ein respektvolles Miteinander oberstes Gebot. „Die Klischees vom Bau kenne ich zwar, aber ich habe bisher keine unangenehmen Erfahrungen gemacht. Ich konnte mir immer gut Gehör verschaffen", sagt sie lachend. Und wie? „Zuhören, Interesse zeigen, dem Gegenüber mit Wertschätzung begegnen."

Mit ihrer Begeisterungsfähigkeit ist Sabine Hertel selbst die beste Botschafterin, um mehr Frauen und Nachwuchskräfte für die Baubranche zu gewinnen. Sie setzt sich aktiv dafür ein. Beteiligt sich regelmäßig an den Girls'- und Boys' Days, bietet Schülerpraktika an, bildet aktuell drei Bauzeichner aus. Ihr Sohn hat sich schon überzeugen lassen und ist mit ins cadbauteam eingestiegen, kümmert sich um betriebswirtschaftliche Belange. „Der Beruf ist so abwechslungsreich und vielfältig", sagt die Geschäftsführerin. So betreut ihre Firma auch europaweit spannende Großprojekte, in Frankreich, Italien oder Belgien.

Und weil es für Sabine Hertel stets vorangeht, möchte sie weiter wachsen, besucht Fortbildungen, bildet sich fort in strategischen Möglichkeiten, plant einen zusätzlichen Standort, baut eine Marketing-Abteilung auf und will sich im kaufmännischen Bereich verstärken. Es gibt viel zu tun, aber alles zu seiner Zeit. Ganz solide, Stein auf Stein.

KARRIERE-TIPPS

1
ALLEIN UNTER MÄNNERN

Als einzige Frau auf der Baustelle? Sabine Hertel habe sich da nie unwohl gefühlt, sagt sie. Was auch daran liegen mag, dass sie es nie zum Thema gemacht hat. Statt auf Rollenklischees oder blöde Bemerkungen zu achten, hat sie sich lieber aufs Fachliche konzentriert. So wird man ernst genommen.

2
HEUTE SCHON AN MORGEN DENKEN

Jede Generation hat ihre eigenen Vorstellungen. „Bei uns war es Arbeiten bis zum Umfallen, für die Jüngeren ist es Work-Life-Balance." Sabine Hertel versucht, darauf Rücksicht zu nehmen. „Das verstehe ich unter einem modernen Führungsstil." Die Beschäftigung mit zeitgemäßen Arbeitsmodellen sollte für Vorgesetzte heutzutage selbstverständlich sein, dazu zählen hybrides Arbeiten sowie New Work.

3
ÖFTER MAL RAUSKOMMEN

Wenn Kinder und Arbeit das Wichtigste sind, kommt man selbst oft zu kurz. Gerade als Alleinerziehende. Sabine Hertel musste auch erst wieder lernen, mal etwas nur für sich zu machen. Dabei helfen kleine Rituale: Den Tag startet die Unternehmerin mit einer Runde durch den Englischen Garten mit ihrem Hund. Eine Fahrt mit ihrem Cabrio oder dem Rennrad sind ebenfalls ein guter Ausgleich zum Alltag.

Themen, zu denen Frau Hertel gern einen fachlichen oder persönlichen Austausch weiterführen möchte:
Nachwuchsförderung | Unternehmerinnen in der Baubranche | Recruiting von Fachkräften

Interessierte können Kontakt aufnehmen über:
LinkedIn
sh@cadbauteam.com

INFO & KONTAKT

EXHIBITION DIRECTOR LASER WORLD OF PHOTONICS & WORLD OF QUANTUM
MESSE MÜNCHEN, MÜNCHEN

Anke Odouli

Von der Publizistik zur Physik: Als Projektleiterin bei einer der größten Messegesellschaften der Welt plant und organisiert Anke Odouli mit ihrem Team die Laser World of Photonics und die World of Quantum. Was sie daran reizt? Sie kann jeden Tag einen Blick in die Zukunft werfen und ist ganz nah dran an den bahnbrechenden technologischen Entwicklungen.

"Messen sind Verabredungen mit der Zukunft" – so steht es auf der Homepage der Messe München und viel besser kann man nicht auf den Punkt bringen, was das Wesen dieser Veranstaltungen ist. Unternehmen aus der ganzen Welt präsentieren dort ihre Innovationen, es geht zu wie auf einem riesigen internationalen Marktplatz der Visionen, denn zahlreiche der Produkte werden unser Leben erst in ein paar Jahren beeinflussen oder verändern. Experten und Expertinnen informieren über den Stand der Forschung, sie geben Einblicke in neue Technologien, Verfahren und Methoden, die zeigen, wohin sich die Industrie und die Wissenschaften entwickeln können. Besonders weit in die Zukunft lässt sich auf der Laser World of Photonics schauen. „Viele wissen gar nicht genau, was das überhaupt ist, obwohl sie praktisch jeden Tag damit zu tun haben", erklärt Projektleiterin Anke Odouli. Vereinfacht ist die Photonik eine Schlüsseltechnologie für die Digitalisierung und die kommunikative Vernetzung. „Sie wird überall dort gebraucht, wo Informationen mithilfe optischer Verfahren übertragen, gespeichert und verarbeitet werden." Gleichzeitig hat diese Technologie die Forschung revolutioniert und ermöglicht präzise Einblicke in Mikro- und Nanowelten. Der Laser ist dabei sozusagen das Universalwerkzeug des 21. Jahrhunderts – egal ob für die Medizintechnik, die Elektromobilität oder die industrielle Fertigung.

Seit Ende 2019 ist Anke Odouli als Exhibition Director verantwortlich für die Laser World of Photonics, die alle zwei Jahre stattfindet, und sie kann sich jedes Mal aufs Neue dafür begeistern, so nah dran zu sein an den bahnbrechenden Entwicklungen der Zukunft. „Hier trifft sich die Crème de la Crème der Wissenschaft zum Austausch", sagt sie. „Häufig kommen auch Nobelpreisträger zu Vorträgen zu uns, wie zuletzt die Physikerin Donna Strickland." Im Juni 2023 feierte

> „ Photonik wird überall dort gebraucht, wo Informationen mithilfe optischer Verfahren übertragen, gespeichert und verarbeitet werden.

die Photonik-Messe ihr 50-jähriges Jubiläum, mit über 1300 Ausstellern aus mehr als 40 Ländern und rund 40 000 Besuchern. Erst zum zweiten Mal wurde zeitgleich die World of Quantum veranstaltet, die aktuell größte Plattform, um die internationale Quanten-Community aus Wissenschaft, Key-Playern der Branche und der Industrie zusammenzubringen. An beiden Fachmessen schätzt Anke Odouli besonders die lockere, unprätentiöse Atmosphäre – trotz der hochkomplexen Thematik: „Das sind alles ganz bodenständige, überaus höfliche Naturwissenschaftler, die sich über jedes Interesse freuen und gern Auskunft geben, selbst wenn man nicht vom Fach ist."
Von der Physik ist die Projektleiterin ursprünglich sogar sehr weit entfernt: Sie hat Publizistik in Mainz studiert, wo sie auch geboren und aufgewachsen ist. Mit welchem Ziel? „Ich wusste eigentlich immer nur, was ich nicht werden will", sagt die 44-Jährige. „Und mit dem Studiengang ergeben sich für Unentschlossene wie mich hinterher recht viele Möglichkeiten." Journalismus und der PR-Bereich fallen schnell durch, doch auf der Frankfurter Messe, auf der sie nebenher jobbt, gefällt es ihr, weil „dort Menschen aus aller Welt zusammenkommen und gemeinsam etwas auf die Beine stellen". Das internationale Flair und das Arbeiten über Grenzen hinweg sind wichtige Gründe, warum sie bis heute so viel Freude und Spaß an ihrem Beruf hat. Nach ihrem Magisterabschluss zieht sie nach New York und findet einen Job als Projektmanagerin bei der German American Chamber of Commerce. „Un-

> „Wir sind frauenmäßig ganz gut aufgestellt. Knapp drei Viertel der Exhibition Directors sind weiblich."

ser Team hatte die Aufgabe, US-amerikanische Firmen als Aussteller für die Messe München zu akquirieren", erzählt Anke Odouli. Nach kürzester Zeit hatte sie den ersten Kunden an Land gezogen, „ein echtes Erfolgserlebnis mit Initialzündung" sei das gewesen. Nach gut drei Jahren hat sie dann doch genug von der „hektischen" Stadt, geht mit ihrem Mann, einem US-Amerikaner mit iranischen Wurzeln, zurück nach Deutschland und fängt 2007 direkt bei der Messe München im Bereich Neue Technologien als Projektreferentin an. Seit zehn Jahren ist sie Projektleiterin, unterbrochen von zwei Elternzeiten, als ihre Söhne geboren werden.
Der Arbeitgeber hat sie unterstützt und die Wiedereinstiege leicht gemacht. „Wir sind frauenmäßig ganz gut aufgestellt", berichtet Anke Odouli. „Knapp drei Viertel der Exhibition Directors sind weiblich." Mit insgesamt rund 70 Messen für Investitions- und Konsumgüter und Neue Technologien ist die Messe München eine der weltweit größten Messegesellschaften und neben Deutschland auch im Ausland mit Präsenzen in mehr als 100 Ländern aktiv. In einer so inter-

↑ *Licht und Schatten: optische Spielerei*
↖ *Die Projektleiterin der Laser World of Photonics betrachtet ein Prisma.*
← *Messe München: seit 16 Jahren die berufliche Heimat von Anke Odouli*

Netzwerken sein", zählt Anke Odouli die Jobdeskription auf. „Hilfreich ist außerdem, mal out of the box zu denken." Für ihr eigenes Verständnis von Mitarbeiterführung hat sie die Zeit in New York sehr geprägt. „Viele halten die Art der Amerikaner für oberflächlich, aber im täglichen Miteinander ist es schon angenehmer, erst einmal das Positive zu sehen, bevor man nach Fehlern sucht."

Wie im Fußball heißt es auch bei Anke Odouli: „Nach dem Spiel ist vor dem Spiel." Kaum ist die eine Messe vorbei und sind die Schlussberichte geschrieben, bereiten sie und ihr Team bereits wieder die nächste Messe vor. Dazu gehören die Akquise von Ausstellern aus dem In- und Ausland, die Kundenpflege, und die Beobachtung von Konkurrenzveranstaltungen. „Wir müssen natürlich immer gut informiert sein über die Entwicklungen auf dem Technologiemarkt."

Wie alt die Zukunft eigentlich schon ist, zeigt ein Blick zurück: Vor exakt 50 Jahren fand mit der Laser 73 die erste Ausgabe der heutigen Weltleitmesse der Photonik statt. Damals kamen rund 100 Aussteller nach München, allesamt Pioniere einer völlig neuen Branche, denn erst 1960 war es US-Forschern gelungen, Laserstrahlen zu erzeugen. „Eine Geschichte, die sich mit der World of Quantum wiederholen könnte", meint Anke Odouli, auch ein wenig stolz, dass sie die Premiere dieser Messe mit auf den Weg gebracht hat. Denn die Quantentechnologie ist sozusagen Futur hoch zwei, weil ihr eine mindestens so bedeutsame Zukunft prophezeit wird wie der Erfindung des Lasers.

national agierenden Firma, die jeden Tag mit der Zukunft zu tun hat, ist eine fortschrittliche, kosmopolitische Unternehmenskultur praktisch schon in der DNA verankert. Der Umgangston ist locker und im Kundenkontakt meist auf Englisch, es wird auf gegenseitige Unterstützung gesetzt, „wir haben tolle Teams im Kleinen und im Großen". Und was sollte man mitbringen, um dort zu arbeiten? „Den Überblick behalten können ist von Vorteil, offen sein für Neues auch, gern auf Menschen zugehen und gut im

KARRIERE-TIPPS

1 KLEINES PHYSIKUM

LED, OLED, AOFF und plasmonische Wellenleiter – keine Ahnung? Macht nichts. „Man muss kein Physiker sein, um Projektleiterin für Neue Technologien bei der Messe München zu werden", sagt Anke Odouli. Gute Voraussetzungen sind: Teamfähigkeit, „weil man hier mit Alleingängen nicht weit kommt", gute Englischkenntnisse, Networking und Überzeugungsarbeit leisten können.

2 BLOSS KEIN MÄDCHENKRAM

Beste Erfahrungen hat Anke Odouli in den immer noch männerdominierten Naturwissenschaften gemacht. „Alles Menschen, die in erster Linie an ihrer Forschung und an Fakten interessiert sind", sagt sie. „Für sie spielt es keine Rolle, wer ihnen die Themen vermittelt." Trotzdem sei es wichtig, Mädchen früh für Naturwissenschaften zu begeistern und ihr Selbstbewusstsein zu stärken. Wenn sie eine Tochter hätte, würde sie ihr sofort einen Fischertechnik-Kasten schenken statt einer rosa Lillifee.

3 VIEL RAUM FÜR INTERNATIONALES

Wen die weite Welt interessiert, ist bei der Messe München richtig: Das Unternehmen ist eins der bedeutendsten Messeveranstalter. Zum globalen Netzwerk gehören Beteiligungen und Auslandsvertretungen in mehr als 100 Ländern. Anke Odouli weiß: „Wer gern einmal in einem anderen Land arbeiten möchte, hat hier gute Karten."

Themen, zu denen Frau Odouli gern einen fachlichen oder persönlichen Austausch weiterführen möchte:
Frauen in der Photonik | Geschlechterneutraler Zugang für MINT-Fächer

Interessierte können Kontakt aufnehmen über:
LinkedIn

GLOBAL CHIEF MARKETING OFFICER
TÜV SÜD AG, MÜNCHEN

Liz Fendt

Ihre Leidenschaft sind ferne Länder und andere Kulturen, die Welt hat Liz Fendt schon auf die abenteuerlichsten Arten bereist. Zum Glück kann die Engländerin auch bei ihrem Arbeitgeber ihr Fernweh stillen: Für den TÜV Süd war die Marketingchefin jahrelang in Taiwan, Hongkong und Singapur im Einsatz.

Es gibt offiziell 195 Länder auf der Welt, in 102 davon war Liz Fendt schon, die restlichen 93 will sie auch noch bereisen, das ist ihr Ziel. Sie ist zu Fuß von Vietnam nach China gelaufen, „allein, bei Hagel und Regen und mit kaputten Füßen", durchquerte mit dem Fahrrad Albanien und mit dem Pferd die Wüste Gobi, kam unterwegs bei Einheimischen unter und nahm für den Rückweg die Transsibirische Eisenbahn. Immer mit dabei: ihre Kamera, denn ihre Freude an der Fotografie ist fast so groß wie die fürs Reisen. Seit die Engländerin mit elf Jahren in der Schulbibliothek ein Buch über ferne Länder entdeckte, will sie in die weite Welt hinaus. „Wir sind früher kaum verreist", erinnert sie sich. „Außer mal nach Deutschland", denn ihr Vater ist Deutscher. Mit 15 opfert sie ihr Erspartes für einen Trip nach Paris, schläft auf Parkbänken, weil sonst das Geld nicht reicht. Als sie 18 ist, macht sie nach dem Abitur eine Reise durch 18 Länder. Liz Fendt wäre gern Kriegsreporterin geworden, aber das fand die Mutter zu gefährlich. Zum Glück konnte sie ihrer großen Leidenschaft auf andere Weise nachgehen: Ihre Tätigkeit beim TÜV Süd hat ihr in den letzten 22 Jahren unzählige Möglichkeiten geboten, fremde Länder und Kulturen kennenzulernen. „Zwei Drittel meines Arbeitslebens habe ich im Ausland verbracht", erzählt die sympathische, vor positiver Energie sprühende Leiterin des Konzernmarketings, „die meiste Zeit in Asien."

Beim Begriff TÜV denken viele vermutlich als Erstes an die regelmäßig fällige Untersuchung ihres Autos auf Fahrtüchtigkeit. Das ist längst nicht mehr das Haupteinnahmegeschäft, rund die Hälfte des Umsatzes wird im Ausland erzielt, der TÜV Süd ist in 44 Ländern vertreten und bietet etwa 1200 verschiedene Dienstleistungen an, dazu gehören technische Prüfungen, Gutachten, Produkttests und Zertifizierungen, die

> „Zwei Drittel meines Arbeitslebens habe ich im Ausland verbracht, die meiste Zeit in Asien.

Bandbreite umfasst Konsumgüter und Medizinprodukte genauso wie Aufzüge oder Gebäude.

Nach ihrem Abschluss an der Berlin School of Economics and Law und ein paar Jahren als Communication-Managerin bei der Fotofirma Agfa hatte sich die Diplom-Kauffrau 2001 über eine Stellenanzeige in der Süddeutschen Zeitung beim TÜV Süd beworben. Das Gesuch klang ganz nach ihrem Geschmack: Aufbau einer internationalen Marketingabteilung, um das Unternehmen auf dem asiatischen Markt zu etablieren. „Wir haben aus dem Nichts einen neuen Bereich hochgezogen", berichtet sie von den Anfängen. Doch von München aus war das auf Dauer schwierig, darum sollte jemand vor Ort installiert werden, der direkt mit den potenziellen Kunden kommuniziert. Sie nutzt die Gelegenheit und ist die nächsten fünf Jahre an verschiedenen Standorten in Asien, lebt in Indien, Taiwan, Hongkong und Singapur und bringt den Asiaten den deutschen TÜV Süd näher mit Imagefilmen, Broschüren und zahlreichen persönlichen Kontakten.

Chancen nutzen, Herausforderungen annehmen, wenn man weiterkommen will, das ist die Devise der 51-Jährigen: 2011 wird ihr die globale Leitung des Konzernmarketings angeboten, mit international 200 Mitarbeitern und verantwortlich für sämtliche Kampagnen zur Leadgenerierung. Einsatzort allerdings: Singapur. Keine leichte Entscheidung: „Mir war klar, ich werde weltweit unterwegs sein. Es würde bedeuten, dass ich die ersten Schritte meiner jüngsten

> **Meine Zeit ist jetzt! Wenn ich es nicht mache, macht es jemand anderes.**

Tochter wahrscheinlich nicht miterleben werde." Andererseits sagte sich die Mutter zweier Töchter, heute 14 und 16 Jahre alt: „Meine Zeit ist jetzt! Wenn ich es nicht mache, macht es jemand anderes." Noch während der Stillphase jettet sie um die Erde, treibt das globale Wachstum und die Digitalisierung des Unternehmens voran, baut eine komplexe technische Marketing-Infrastruktur auf. Töchter und Karriere zu vereinbaren war auch möglich, weil Singapur eine „gut funktionierende Kinderbetreuung ab der zwölften Woche anbietet" und Frauen in einer Führungsposition in dem Staat gesellschaftlich akzeptierter sind. „Keine Seltenheit in Ländern mit kommunistisch geprägter Geschichte wie in China und Vietnam", erklärt Liz Fendt, die vier Sprachen spricht. „Während in Japan oder Korea ein eher konservatives Rollenbild vorherrscht."

Sie hat die Welt aus so vielen Blickwinkeln betrachtet, tauchte so intensiv ein in andere Kulturen, da ist es kein Wunder, dass ihre Sinne geschärft sind bei den Themen Diversität und Gleichbe-

↑ Stillstand gibt es bei Liz Fendt nicht, meistens ist sie unterwegs.
↖ Detail aus der Münchner Zentrale des TÜV Süd
← Fernweh: Erinnerung an ihre Zeit in Singapur

auch der Frauenanteil ist paritätisch verteilt, „doch je höher man in die Führungsebenen kommt, desto weniger Frauen gibt es".

Liz Fendt ist geschieden, hat aber einen neuen Lebenspartner, der ihre Interessen teilt und zudem noch „kochen, bügeln, einkaufen kann". Sie treibt jeden Tag Sport, geht zum Ballett und zum Tango, neuerdings begeistert sie sich für Ballroom-Swing, einen Tanzstil aus den 1920er-Jahren. Um alle Aktivitäten in Einklang zu bringen, steht sie morgens ums halb sechs auf. Sie arbeitet viel und gern, trotzdem sei es wichtig, Zeiten zu haben, in denen man etwas für sich tut, Hobbys, Freunde treffen. Damit das klappt, gilt: Klare Grenzen ziehen. „Wenn Feierabend ist, ist Feierabend. Ich bin niemand, der spätabends noch den Laptop aufklappt."

Seit drei Jahren lebt sie wieder in München, die Töchter sollen hier in Deutschland die Schule beenden, danach würde sie vielleicht gern nach Argentinien, um dort für den TÜV Süd den südamerikanischen Raum aufzurollen. Die Mädchen teilen die Leidenschaft ihrer Mutter für Abenteuerreisen, so oft es geht, erkunden sie zu dritt die Welt. In den letzten Ferien waren sie in Mexiko, haben in Jugendherbergen geschlafen, sind mit öffentlichen Verkehrsmitteln durchs Land gefahren. Als Nächstes ist die Arabische Wüste dran: „Wir starten von Katar, anschließend geht's über Dubai, die Arabischen Emirate bis nach Israel, erst Jerusalem, dann Tel Aviv." Ihrem Ziel, 195 Länder zu bereisen, kommt Liz Fendt immer näher.

rechtigung. Sie hat 2017 das firmeninterne Frauennetzwerk mitbegründet, dem inzwischen global über 1000 Mitarbeiterinnen angehören, bildet sich weiter in Gender-Diversity-Programmen. Sie weiß, dass sie als Führungskraft eine besondere Verantwortung trägt: „Wir müssen Vielfalt und Frauenförderung weit oben auf der Agenda positionieren." Als Unternehmen könne man kaum internationaler sein als der TÜV Süd, in ihrem Team unterschiedlichster Herkunft sei Diversität eine Selbstverständlichkeit,

KARRIERE-TIPPS

1
DARUM IN DIE FERNE SCHWEIFEN

Mal einige Zeit lang im Ausland jobben? Davon träumen viele. Der TÜV Süd als Arbeitgeber bietet da viele Möglichkeiten, Liz Fendt weiß aus eigener Erfahrung: „Wir fördern und unterstützen Mitarbeitende, die international tätig sein wollen. Auch unser Vorstand unterstützt das."

2
TAKE A CHANCE

„Wenn sich gute Gelegenheiten bieten, nicht ‚Nein' sagen, sondern zugreifen", ist Liz Fendts Tipp. Als sie bei Afga war, suchte ihr Chef jemanden, der für ihn auf Englisch die Reden schreibt. Es war ihr erster Job nach dem Studium, aber sie hat nicht lange gezögert und stieg nach einem halben Jahr Berufserfahrung zur Communication-Managerin auf.

3
FIRST DATES

Für ihre Karriere hat Liz Fendt viel in Kauf genommen, ist oft umgezogen. Das kann zum Problem für die Beziehung werden, wenn der Partner da nicht mitzieht oder andere Prioritäten hat. „Ich habe aus meiner gescheiterten Ehe gelernt", sagt die Marketingchefin. „Beim nächsten Mann habe ich von Anfang an die Hard Facts abgeklopft." Heißt: Wie sieht's mit Gleichberechtigung im Haushalt, bei der Kindererziehung und gemeinsamen Interessen aus?

Themen, zu denen Frau Fendt gern einen fachlichen oder persönlichen Austausch weiterführen möchte:
Finance for Managers | Sustainability Strategies | Gender-Diversity-Programmes | Circular Economy

Interessierte können Kontakt aufnehmen über:
LinkedIn

CONSULTANT / LEADERSHIP ADVISORY / EXECUTIVE SEARCH
EGON ZEHNDER, HAMBURG

Silvia Wiesner

Wir brauchen mehr und besseres Leadership – davon ist Silvia Wiesner überzeugt. Darum setzt sich die in Hamburg lebende Österreicherin leidenschaftlich für die Förderung von Vielfalt, Chancengleichheit und Inklusion in Führungsteams ein. Um ihr Herzensthema bestmöglich voranzutreiben, wagte sie 2023 einen mutigen Karriereschwenk und wechselte vom Top-Management eines der weltweit größten Konsumgüterkonzerns zu Egon Zehnder in die Leadership-Beratung.

Es war noch vor ihrem 40. Geburtstag, da hatte Silvia Wiesner eigentlich schon alles erreicht: Aus einer kleinen Stadt in Österreich mit 10 000 Einwohnern kommend, führte sie der Weg von der Trainee zur Managerin, zur Direktorin, Vizepräsidentin und Geschäftsführerin bei Unilever, zuletzt in Brüssel als Managing Director für Belgien und Luxemburg. „Und zwischendrin habe ich geheiratet und meine Tochter bekommen", sagt sie gut gelaunt und in farbenfrohes Pink gekleidet.

Sie hätte es jetzt ganz ruhig angehen oder sich auf ihren Lorbeeren ausruhen können, doch das entspricht nicht Silvia Wiesners Naturell. Sie braucht die Herausforderung, denkt dabei aber nie nur an sich selbst: Sie setzt sich leidenschaftlich für die Förderung von Vielfalt, Chancengleichheit und Inklusion ein, möchte all die Erfahrungen, die sie in über 17 Jahren gesammelt hat, weitergeben und andere auf verschiedensten Wegen daran teilhaben lassen: Noch während ihrer Zeit bei Unilever wurde sie in den Vorstand zweier Social Enterprises berufen, der European Women on Boards und der von dem ehemaligen Unilever-CEO Paul Polman mitgegründeten Leadership-Plattform Imagine, zudem wählte das Weltwirtschaftsforum sie als eine der Young Global Leader aus.

Doch dann wagt die Spitzenmanagerin 2023 einen grundlegenden Karriereschwenk, einen „Career Pivot", wie sie es nennt. Kein Neuanfang, sondern eine Weiterentwicklung ihres Lebenslaufs. Silvia Wiesner fragt sich, wo sie mit ihrem umfangreichen Wissen am meisten bewegen kann, und entscheidet sich für ein Angebot von Egon Zehnder, der weltweit führenden Firma für Leadership Advisory Services. Dort ist sie seit April 2023 Teil der Beratergemeinschaft. Die renommierte Firma entwickelt ganzheitliche Lösungen für alle Unternehmen, hilft Top-Führungspersönlichkeiten dabei, persönlich und beruflich erfolgreich zu sein. Global arbeiten bei Egon Zehnder mehr als 560 Beratende in 63 Büros

> Wir brauchen in den Unternehmen mehr und bessere Führung, um die großen Herausforderungen unserer Zeit erfolgreich zu bewältigen.

SILVIA WIESNER

und 36 Ländern. „Wir reden nicht nur über Diversität, wir haben sie auch in unserer Beraterschaft", erklärt Silvia Wiesner, „Wir sind der festen Überzeugung, dass ausschließlich vielfältige und inklusive Leitungsteams in der Lage sind, eine bessere Welt zu schaffen."

Die Philosophie von Egon Zehnder deckt sich mit ihren eigenen Ansprüchen: „Leadership for a better world" ist genau das Thema, mit dem sich Silvia Wiesner seit Jahren intensiv beschäftigt. „Wir brauchen in den Unternehmen mehr und bessere Führung, um die großen Herausforderungen unserer Zeit erfolgreich zu bewältigen." Darum saugt die in Hamburg lebende Österreicherin alles auf wie ein Schwamm, was der Horizonterweiterung dient. Will wissen, warum Menschen handeln, wie sie handeln. „Für ein Growth Mindset sollten regelmäßig dezidierte Pausen für neue Impulse und die Selbstreflexion genommen werden", so ihre Überzeugung. Auch sie hat in den letzten Jahren zahlreiche Weiterbildungsprogramme in Harvard, Oxford, Cambridge und auf der Insead durchlaufen.

Dass sich der Führungsstil in Firmen verändern muss, darüber sind sich die Experten einig. Der passende Terminus dazu ist: Self-Leadership, ein Thema, das Silvia Wiesner brennend interessiert. „Sich selbst zu führen bedeutet aber nicht, jemand anderes zu werden, sondern mehr von sich selbst." Und was macht eine gute Leitung heute aus? Beziehungsfähigkeit, Selbsterkenntnis und emotionale Stabilität. „Wir brauchen Leader, die mit sich im Reinen sind – nur

> **Es geht nicht mehr nur um ein „Grow to the Top", sondern auch um ein „Grow at the Top"!**

so sind sie in der Lage, gut zu führen." Es gehe nicht mehr nur um „Grow to the top", sondern auch um „Grow at the top". Darum, wie man an der Spitze und an sich selbst wachsen kann. „Wir müssen das nicht allein schaffen", beruhigt die Beratungsexpertin. Das Entwickeln von Führungspersönlichkeiten ist eine der Kernkompetenzen von Egon Zehnder, dazu gehört auch Leadership-Coaching. „Das Wichtigste ist es zunächst, sich über sich bewusst zu werden." Darum gilt eine der wichtigsten Fragen in Gesprächen mit den Klienten oft den prägenden Ereignissen aus der Kindheit. „Häufig sind es Glaubenssätze von früher, die einen immer noch beeinflussen", weiß Silvia Wiesner, die Positive Parenting für einen wichtigen Ansatz hält: „Meine Eltern haben mir stets das Gefühl gegeben, dass ich gut und genug bin, so wie ich bin." Heute unterstützt sie Führungskräfte, ihre Vergangenheit zu verstehen, in der Gegenwart anzukommen und ihre Zukunft positiv zu gestalten.

Neben der optimistischen Grundeinstellung zählt sie unerschöpfliche Energie und Empathie zu ihren Stärken, „die sich jeweils auf andere überträgt und eine Atmosphäre erzeugt, in der die Menschen sich wohlfühlen und die ihnen ein Feeling von ‚Alles ist möglich' gibt. Die

↑ Kunst und Design in den Büroräumen von Egon Zehnder in Hamburg
↖ Silvia Wiesner hat den besten Blick – direkt auf die Hamburger Außenalster.
← In der Personalberatungsfirma soll sich jede und jeder wohlfühlen.

studierte Betriebswirtschaftlerin nennt die Dinge beim Namen, aber konstruktiv, also in einer Art, die für andere hilfreich ist. Was sie sonst noch auszeichnet? „Schnelligkeit. Ich mache. Ich packe Dinge an. Auch große Herausforderungen." Damit allein habe sie nicht so schnell Karriere machen können. Dahinter stecke, völlig unspektakulär, Leistung, Kompetenz, Einsatz. „Ich habe eine Menge Zeit und Energie investiert, um in meinen jeweiligen Rollen einen Unterschied zu machen." Viele ihrer Ressourcen steckt sie in ihr Engagement für verschiedene Frauennetzwerke wie das European Women on Boards, das LEAD Network Europe, We:Connect, Mission Female oder BeyondGenderAgenda.

Wie sie das alles schafft? „Wenn die Motivation groß genug ist und wenn wir Themen gemeinsam angehen, dann geht sehr viel", sagt sie lachend. Darum sei es wichtig, zu selektieren: „Wo kann ich den meisten positiven Impact erzielen? Dann ‚Ja' sagen. Sonst ‚Nein' sagen." Neben dem Beruf hat sie noch ein anderes Leben, eine Familie mit 4-jähriger Tochter und einem Mann, der ebenfalls in Vollzeit arbeitet. Ihren Morgen startet sie mit positiven Affirmationen: „Ich denke nicht als Erstes an die To-dos, sondern daran, worauf ich mich heute freuen darf." Genauso beendet sie den Tag: indem sie sich all die Momente ins Bewusstsein ruft, die ihr in den letzten Stunden Energie gegeben haben. „Die Zeit nach der Arbeit gehört meiner Tochter", sagt Silvia Wiesner. „Und beim Vorlesen, Puzzeln oder Rumtoben geht das Abschalten dann ganz schnell."

INFO & KONTAKT

Themen, zu denen Frau Wiesner gern einen fachlichen oder persönlichen Austausch weiterführen möchte:
Transformation der Unternehmenskultur | Gleichberechtigung und Inklusion | Self-Leadership | Inklusive Executive-Search-Prozesse

Interessierte können Kontakt aufnehmen über:
LinkedIn

KARRIERE-TIPPS

1
EINFACH MACHEN

Nämlich das, was sich gut und richtig anfühlt. Und dabei weniger auf andere achten und darauf, was andere denken könnten.

2
NICHTS MUSS FÜR IMMER SEIN

Also Entscheidungen lockerer sehen. Daher auch: mehr Risikofreude.

3
IM TEAM DENKEN

Wir müssen Probleme nicht im Alleingang lösen. Diverse Teams sind der Schlüssel zum Erfolg.

4
KEINE ANGST VOR SELF-PROMOTION

Personal Branding gehört dazu, denn das eigene Narrativ schreiben wir selbst. Tipp: zurückblicken auf die letzten zwei, drei Jobs: Was kann ich richtig gut? Welche Stärken habe ich? Was schätzen andere an mir?

5
STÄRKEN ERKENNEN UND NUTZEN

Der individuelle USP und der Beitrag im Team ergeben sich aus den eigenen Stärken. Oftmals sind uns diese selbst nicht klar. Da hilft es, Menschen, die einem nahestehen, um Input zu bitten.

HEAD OF LAND SALES & PRODUCTS
DB SCHENKER EUROPE GMBH, FRANKFURT AM MAIN

Katherine Boesen

Von Australien nach Deutschland – mit ein paar Zwischenstopps auf anderen Kontinenten: Seit über 20 Jahren ist Katherine Boesen nicht nur eine Topexpertin in Sachen Logistik und Supply-Chain-Management, vor allem versteht sie es, Unternehmen besser und nachhaltiger zu machen. Das stellt die Teamplayerin jetzt an der Spitze für den Bereich Landtransport bei DB Schenker unter Beweis.

Sie ist die Frau für die schwierigen Fälle. Aus dem Nichts etwas Neues aufbauen, Start-ups zum Turnaround verhelfen, Gewinne maximieren und dabei die Erwartungen übertreffen – damit hat sich Katherine Boesen einen Namen gemacht. Herausforderungen zu meistern, das ist zu ihrem Markenzeichen geworden. Als Profi in der Logistik und im Supply-Chain-Management hat sie seit mehr als 20 Jahren internationale und interkulturelle Erfahrungen auf fast nahezu allen Kontinenten gesammelt. Aber anders als bei den Lieferketten und dem Warenverkehr hat sie der Weg nicht von A nach B, sondern von A nach D gebracht: von Australien nach Deutschland, mit Umwegen über Schanghai, Singapur und die Schweiz.

Seit Ende 2020 ist sie Head of Land Sales & Products bei DB Schenker in Frankfurt, dem Weltmarktführer der Logistikbranche. Als erste Frau in der Position verantwortet Katherine Boesen damit den Bereich Landtransport, nach der Luftfracht der zweitgrößte Geschäftszweig des vor 150 Jahren von Gottfried Schenker gegründeten Unternehmens. Die Aufgaben der Managerin: Geschäftsentwicklung, Kundenakquise, Neugeschäft. „Ein Traum", schwärmt die gebürtige Australierin. Denn der Job vereint zwei ihrer Passionen: Obwohl es bei der Logistik in erster Linie um Warentransfers geht, ist es ein „People's Business", es verbindet Menschen, Länder, Handel weltweit. Gleichzeitig steckt dahinter eine große Verantwortung. „Die Beschäftigung mit dem Klimawandel ist unser Tagesgeschäft", sagt sie. Beständig arbeiten sie und ihr Team an nachhaltigen Lösungen, um den ökologischen Fußabdruck zu minimieren. „Play fair with people and planet", lautet der Grundsatz des Unternehmens, er deckt sich ganz und gar mit ihren eigenen Wertvorstellungen.

Dass Katherine Boesen einmal zu einer Topexpertin für Logistik und Supply-Chain-Management werden würde, war nicht geplant. Ursprünglich ist sie In-

> „Ich bin eine gute Problemlöserin, bedingt durch meinen technischen Hintergrund."

genieurin und als solche hatte sich die smarte Australierin nach ihrem Studium in Sydney bei einer neu gegründeten Firma für Baumaterialien beworben. „Eigentlich sollte ich dort neue Produkte entwickeln", erzählt sie lachend, „fand mich aber plötzlich in der Logistik wieder." Es wurde jemand gebraucht, der die Abläufe optimiert, den Fuhrpark aufbaut und Lagerstandorte festlegt – und den Chefs die unangenehme Mitteilung macht, dass dafür ein Investment von 1,6 Millionen Dollar nötig ist.

Noch nachts sitzt sie tüftelnd am Küchentisch, plant und koordiniert. „Ich bin eine gute Problemlöserin, bedingt durch meinen technischen Hintergrund. Der analytische Ansatz war hilfreich." Die damals 26-Jährige trifft mutige Entscheidungen. Zu verlieren hatte sie nichts, sie konnte nur gewinnen – und überzeugt durch ihre Leistungen. „Offenbar haben wir es ganz prima hinbekommen. Wir erzielten den Turnaround innerhalb von zwölf Monaten" – geht es um gute Resultate, spricht Katherine von „wir". „Die besten Ideen nützen nichts, wenn dein Team nicht mitzieht." Neben ihrer fachlichen Expertise ist Teamplay bis heute eins ihrer Erfolgsgeheimnisse.

Was möglich ist, wenn alle an einem Strang ziehen, erlebt sie 2002 als Supply-Chain-Directorin für Alcatel. „Bei meinem Einstieg lagen wir drei Jahre hinter den Erwartungen. Nach kurzer Zeit konnten wir gemeinsam den Umsatz um über 300 Prozent steigern." Im Auftrag der französischen Mobilfunkmarke war sie „ungefähr 300 Tage im Jahr" unterwegs und begeistert sich endgültig für die Lo-

> **Zum Leben ist Australien wunderbar, für eine Karriere sind die Möglichkeiten begrenzt.**

gistik. „Man ist Teil einer globalen Industrie, man hat die Möglichkeit, in verschiedenen Teilen der Erde zu arbeiten. Lernt Land und Leute auf eine ganz andere Art und Weise kennen als ein Tourist", lautet ihre schlüssige Begründung. „Das sind Erfahrungen, die ich niemals missen möchte." Während Australien für viele Deutsche ein Sehnsuchtsort ist, geht sie den umgekehrten Weg. „Zum Leben ist es dort wunderbar, für eine Karriere sind die Möglichkeiten begrenzt."

Europa ist kein Neuland: Verbindungen gab es immer schon durch ihre Familie. Die Großmutter wuchs in Großbritannien auf, war eine Abenteurerin, einmal habe sie fürs Radio den letzten Kannibalen auf den Fidschi-Inseln interviewt, wie die Enkelin amüsiert berichtet. Auch an Deutschland habe sie schöne Kindheitserinnerungen: Ihre erste große Reise mit etwa 6 Jahren – nach Bielefeld. Dort lebt ihr Onkel. Von 2009 an war sie für verschiedene Firmen in der Schweiz tätig, heiratet einen Schweizer und pendelt bis heute zwischen Zürich und Frankfurt.

↑ *Von Sydney nach Frankfurt: Katherine Boesen im DB Schenker-Tower.*
↖ *Always look on the bright side of life: Humor ist eine ihrer größten Stärken.*
← *Den hat die Managerin immer mit dabei: ihren Thermobecher.*

Ein global operierendes Unternehmen wie DB Schenker zieht weltoffene, international denkende Mitarbeitende an. „Wir haben im Team eine Menge Kolleginnen und Kollegen aus dem europäischen Ausland, aus Finnland, Polen, Norwegen, der Türkei, Spanien, Italien, Frankreich", zählt Katherine Boesen auf und fügt weiter hinzu, wie sehr sich ihr Arbeitgeber einsetzt für Inklusion, Diversity und die Förderung von Frauen – bis in die Führungsebene. Zwei der sieben Vorstände sind weiblich, mehr als in vielen anderen deutschen Betrieben.

Was bei Katherine Boesen an oberster Stelle steht, bevor sie sich für einen Job entscheidet: die Identifikation mit den Zielen und „Values" des Hauses. „One Team für One Goal", heißt es bei DB Schenker, und das ist auch ihr Grundsatz. „Mit dem Landtransport tragen wir eine ziemliche Verantwortung", erklärt sie voller Empathie. „Was wir tun, hat einen großen Einfluss auf das Umweltgeschehen." Aktuell ist der Logistikdienstleister in Verhandlungen über den Einsatz wasserstoffbetriebener Fahrzeuge. „Das ist ebenso für unsere Kunden eine Herausforderung", aber es habe schon viel Lob dafür gegeben, „wenn ein Unternehmen nicht nur auf die Zahlen achtet, sondern aktiv etwas für den Klimaschutz tut".

Fast noch wichtiger sind Katherine Boesen das Miteinander und die Menschlichkeit, um auch in der Ferne eine Heimat zu finden. „Bei DB Schenker hatte ich vom ersten Moment an das Gefühl, willkommen zu sein. Jeder bot mir Unterstützung an." Beeindruckt war sie außerdem vom Team Spirit: „Egal ob jemand seit 5 Monaten oder 25 Jahre hier ist, alle verbindet die gleiche Leidenschaft, Energie und Enthusiasmus. Alle brennen für ihren Job." Darum ist die Spitzenmanagerin fest überzeugt: „Wenn man liebt, was man tut, dann ist man auch gut darin."

KARRIERE-TIPPS

1
HERZENSANGELEGENHEIT

Mehr Empathie und Menschlichkeit, das wünscht sich Katherine Boesen bei den Themen Diversity und Inklusion. „Die mir von Ausgrenzung erzählen, sagen oft exakt das Gleiche: Ihnen hat immer das echte Gefühl gefehlt dazuzugehören." Integration darf nicht nur auf dem Papier stattfinden, man muss sie spüren können.

2
KONSTRUKTIV VORGEHEN

Hilfe, ein Berg voller Aufgaben! Wie soll man das denn lösen? Mit pragmatischem Optimismus: „Erst mal einen groben Überblick verschaffen, dann das Gesamte in einzelne Teile zerlegen und Stück für Stück nacheinander abarbeiten", lautet der Rat der studierten Ingenieurin.

3
WEG NACH OBEN

Wie man es an die Spitze schafft? Allein geht es nicht. Man braucht immer ein Team, das einen unterstützt. Dem muss man aber auch Wertschätzung entgegenbringen und es für seine Ideen begeistern können, ist die Erfahrung der Top-Managerin.

Themen, zu denen Frau Boesen gern einen fachlichen oder persönlichen Austausch weiterführen möchte:
Sustainability | Cross-Cultural Management | Diversity & Inclusion

Interessierte können Kontakt aufnehmen über:
LinkedIn

INFO & KONTAKT

REFERENTIN IT SOLUTION EXPERT LOGISTICS
LUFTHANSA TECHNIK, HAMBURG

Melanie Brockmeyer

Auf Peter-Prinzip und Thomas-Kreislauf hatte Melanie Brockmeyer keine Lust mehr und wechselte zur Lufthansa Technik in Hamburg. Dort erlebt die IT-Expertin eine ganz andere Art der Unternehmenskultur. Denn ihr Lebensmotto lautet: „Love it, change it oder leave it." Das stellte die zweifache Mutter schon früh unter Beweis: Aus Mangel an Kita-Plätzen gründete sie bereits als Studentin ihre eigene Kindertagesstätte.

Der Thomas-Kreislauf und das Peter-Prinzip – zwei typische Handlungsmuster, die Melanie Brockmeyer während ihrer Laufbahn in verschiedenen mittelständischen Unternehmen lange genug beobachtet hat und die sie daran zweifeln ließen, ob verantwortungsvolle Positionen immer nach Können und Kompetenz besetzt werden. Denn bei diesen Mechanismen werden oft „oberflächliche Distinktionsmerkmale zu ausschlaggebenden Kriterien für den Verlauf einer Karriere", wie die Informatikerin analysiert.

Der sogenannte Thomas-Kreislauf beschreibt das „Ergebnis einer engen Schablone", nach der Unternehmen ihre leitenden Angestellten rekrutieren. Das tun sie, indem sie lieber jemanden einstellen, der ihnen gleicht. Heißt: Alter, Geschlecht, Herkunft, Background sind ähnlich. Vielfalt und Gleichberechtigung haben da wenig Chancen. Das ist nicht nur graue Theorie: Zwei ihrer früheren Vorgesetzten hießen tatsächlich Thomas, erinnert sich Melanie Brockmeyer. Beim Peter-Prinzip verhält es sich so, dass jemand so lange befördert wird, bis er auf einen Posten gelangt, für den seine Kompetenzen eigentlich nicht mehr ausreichen. Was auch erklären würde, wie es manche so offensichtlich unterqualifizierte Typen auf den Chefsessel geschafft haben. „Dort hocken sie dann meist bis zur Rente", konstatiert Melanie Brockmeyer, „nehmen fähigeren Mitarbeitenden den Job weg."

Weil die gebürtige Dortmunderin grundsätzlich nach dem Motto agiert: „Love it, change it or leave it", beschließt sie, nach elf Jahren dem Mittelstand den Rücken zu kehren, und bewirbt sich 2019 über ein Stellengesuch auf der Businessplattform XING bei der Lufthansa Technik AG, weil sie wissen will, wie es ist, in einem Konzern zu arbeiten. Sie hat mehrere Optionen und entscheidet sich für die Stelle als Referentin mit Spezialgebiet IT Solution Expert Logistics. Heißt im Klartext? „Wir sind die Schnittstelle zwischen

„
Love it, change it or leave it.

dem IT-Bereich und den verschiedenen Fachbereichen der Logistik. Wenn von dort IT-spezifische Anfragen kommen, suchen wir nach Lösungen oder vermitteln die passenden Ansprechpartner", sagt sie. Zuständig ist sie für die Lösung komplexer Sachverhalte, bei denen die Sicherheit der Flugzeugtechnik an erster Stelle steht.

Als die Expertin vor vier Jahren anfängt, ereilt sie zunächst ein „Kulturschock" – allerdings einer der positiven Art. „Es herrscht hier eine ganz andere Unternehmenskultur, als ich sie in mittelständischen Firmen kennengelernt habe. Ich erlebe Teamwork, ein Miteinander, kein Gegeneinander", lobt Melanie Brockmeyer ihren Arbeitgeber. Der IT-Bereich sei mit 250 Mitarbeitenden zwar nicht klein, trotzdem herrsche eine familiäre Atmosphäre. „Wir werden gefördert und begleitet, es gibt Coachings in Mitarbeiterführung." International agierende Konzerne wie Lufthansa hätten offenbar erkannt, dass mehr fürs Personal getan werden müsse, um auch weiterhin als Arbeitgeber attraktiv zu sein und um Fachkräfte zu gewinnen.

War sie, Jahrgang 1980, früher meist die jüngste und fast einzige Frau in der Informationstechnik, sei das Geschlecht hier überhaupt kein Thema. „Daran musste ich mich erst mal gewöhnen, dass ich von Anfang an ernst genommen und meine Kompetenz nicht infrage gestellt wurde, weil ich eine Frau bin." Das kannte sie so nicht, hatte andere Erfahrungen gemacht: männliches Erstaunen darüber, dass sie als Frau einen Job in der Technik beherrscht, oder Situationen, in

> „Bevor es kein anderer macht, nehme ich die Dinge gern selbst in die Hand.

denen sie die gleiche fachlich korrekte Antwort wie der Mann gibt, aber nur seiner vertraut wird.

Bereits in jungen Jahren war sie mit Vorurteilen konfrontiert, die besagten, dass „Mädchen doch gar nicht gut in Mathe, Naturwissenschaften und Technik" sein könnten. Dennoch entscheidet sie sich für ein Studium mit Schwerpunkt Wirtschaftsinformatik und strebt bewusst eine Karriere in einer Männerdomäne an, „weil dort die Bezahlung besser ist". Finanzielle Unabhängigkeit ist ihr persönlich sehr wichtig, und die wird sie später auch brauchen, als alleinerziehende Mutter zweier Töchter, heute 18 und 14 Jahre alt. Ihre erste Tochter wird noch während des Studiums geboren, acht Wochen nach der Geburt gibt Melanie Brockmeyer ihre Diplomarbeit ab, als „Erste in meinem Semester".

Schon damals zeigt sich ihre „Love it, change it or leave it"-Strategie: Weil Kita-Plätze fehlen, gründet sie zusammen mit anderen Eltern eine eigene Kindertages-

← So sieht der Arbeitsplatz einer IT-Solution-Logistik-Expertin aus.

↑ Next Generation: Melanie Brockmeyer mit ihrer ältesten Tochter Ronja, ebenso engagiert wie die Mutter

↖ Möglichkeiten zum Get-together im IT-Bereich der Lufthansa Technik

Themen, zu denen Frau Brockmeyer gern einen fachlichen oder persönlichen Austausch weiterführen möchte:
z. B. Equity vs. Equality | Networking | Allyship

Interessierte können Kontakt aufnehmen über:
LinkedIn

stätte, die Kindervilla e. V. in Osnabrück, die es heute noch gibt. Sie ist verantwortlich für Finanzen, Personal und ein Budget von 350 000 Euro, mit gerade einmal 25 Jahren. „Bevor es kein anderer macht, nehme ich die Dinge gern selbst in die Hand", erklärt die frühere Leistungssportlerin ihren Kampfgeist. „Herausforderungen schrecken mich nicht ab."

Bestehende Verhältnisse kritisch betrachten und dafür zu sorgen, dass mehr Frauen ins Management und in technische Berufe gelangen, das treibt Melanie Brockmeyer an und darum engagiert sie sich auch heute noch – wie etwa im Female Network der Lufthansa Technik. Einmal pro Woche treffen sich Kolleginnen digital oder ganz analog in ihrer Freizeit. Die IT-Expertin schätzt solche Angebote: „Wo sonst hat man die Gelegenheit, mit anderen Frauen jenseits der Hierarchien auf Augenhöhe in Kontakt zu kommen? Das hatte ich vorher in keinem anderen Unternehmen."

Hierarchien als Ordnungskriterium findet die 42-Jährige völlig okay. „Nur nicht, wenn daraus ein persönlicher Machtanspruch abgeleitet wird." Eine Unternehmenskultur dieser Art sei auch nicht mehr zeitgemäß, den Ansatz der „dienenden Führung" hält sie für zielführender, weil sie vom Vertrauen in die Expertise der Mitarbeitenden geprägt ist und Orientierung gibt. „Da wäre es schön, wenn einige Vertreter der Boomer-Generation noch ein bisschen dazulernen würden", sagt Melanie Brockmeyer. Damit in Zukunft die Führungskräfte in den Firmen nicht mehr nur Thomas oder Peter heißen.

KARRIERE-TIPPS

1
SEI GUT ZU DIR/SELFCARE

Man kann nichts gut machen, wenn man nicht gut für sich selbst sorgt. Dazu gehört, gesunden Egoismus zu lernen, mal „Nein" zu sagen, sich nicht um alles selbst kümmern zu wollen. Üben kann man bei kleinen Gelegenheiten. Zum Beispiel wenn es darum geht, wer den Geburtstagskuchen backt. „Es ist schließlich kein Naturgesetz, dass Frauen für die Care-Arbeit zuständig sein müssen."

2
DAS IST GELD WERT

Frauen haben oft von vorn herein niedrigere Gehaltsvorstellungen als Männer. Rat: valide Erkundigungen einholen. „Schlaumachen, was andere Männer in vergleichbarer Position verdienen, statt Freundinnen oder die Mutter zu fragen, die noch mit anderen Rollenbildern aufgewachsen ist." Das Beste: insgesamt mehr Entgelt-Transparenz.

3
UND TSCHÜS

Bewusst entscheiden, mit welchen Menschen man sich umgibt. Tun sie mir gut? Wenn nicht, aussortieren. „Krafträuber im Privaten können einen auch im Job ausbremsen", sagt die IT-Referentin. Gilt auch für Beziehungen. Eine Frau, die erfolgreich sein will, braucht einen unterstützenden Partner oder gar keinen. Heißt: „Lieber Happy Single als Unhappy Couple."

4
DARUM IN DIE FERNE SCHWEIFEN

Öfter mal raus aus der eigenen Bubble, um unterschiedliche Ansichten und Denkweisen kennenzulernen. So kann man auch für sich selbst besser herausfinden, was einem wirklich wichtig ist, findet die IT-lerin. „Das Leben ist ein lebenslanger Kennenlernprozess, Veränderung die einzig verlässliche Konstante."

„

Der weibliche Karriereweg kann unvorhersehbar sein, voller Herausforderungen und Hindernisse, aber auch unglaublich lohnend.

PROF. HEIDI STOPPER

SERVICE

KLEINE STARTHILFE
für den Bewerbungsprozess

Frauen haben es oft immer noch schwerer als Männer, in eine Führungsposition zu gelangen. Die gute Nachricht aber ist: Wir müssen es nicht allein schaffen. Heute bieten sich unzählige Möglichkeiten der Unterstützung und Hilfe. Es gibt motivierende Ratgeber, inspirierende Role Models, Netzwerke, die alle dem Zweck dienen, Frauen zu ermutigen und ihnen den Weg in eine Karriere zu erleichtern. Hier möchten wir gern eine Auswahl hilfreicher Tipps mit Ihnen teilen.

WELCHE LITERATUR KANN ICH LESEN?

Birte Meier | EQUAL PAY NOW!
Endlich gleiches Gehalt für Frauen und Männer

Prof. Dr. Christian Busch | ERFOLGSFAKTOR ZUFALL
Wie wir Ungewissheit und unerwartete Ereignisse für uns nutzen können

Mirjam Trunk | DINGE, DIE ICH AM ANFANG MEINER KARRIERE GERNE GEWUSST HÄTTE

Otegha Uwaghba | WIR MÜSSEN ÜBER GELD SPRECHEN.
Frauen, Finanzen und Freiheit

Dr. Rebekka Reinhard | DIE ZENTRALE DER ZUSTÄNDIGKEITEN.
20 Überlebensstrategien für Frauen zwischen Wollen, Sollen und Müssen

Christine Olderdissen | GENDERLEICHT.
Wie Sprache für alle elegant gelingt

Anastasia Umrik | DU BIST IN EINER KRISE. HERZLICHEN GLÜCKWUNSCH.
Jetzt wird alles gut!

Katja Berlin | WOFÜR FRAUEN SICH RECHTFERTIGEN MÜSSEN.
Die Welt von heute in satirischen Grafiken. Das Beste aus „Torten der Wahrheit"

Anna Mayr | GELD SPIELT KEINE ROLLE

Wolf Lotter | UNTERSCHIEDE.
Wie aus Vielfalt Gerechtigkeit wird

WELCHE WEBSEITEN KANN ICH BESUCHEN?

Harvard Business Review (hbr.org):
Research: Adding Women to the C-Suite Changes How Companies Think
Getting Serious About Diversity: Enough Already with the Business Case

herCAREER (her-career.com):
„Glück ist der am meisten unterschätzte Karriere-Faktor"

Swans initiative (swans-initiative.de):
17 Kopftuchträgerinnen, die unsere Wirtschaft voranbringen

Loyola Marymound University (resources.lmu.edu):
Wie voreingenommen bist du?

Ted Ideas worth spreading (ted.com):
Durchhaltevermögen: Die Macht von Leidenschaft und Ausdauer

WELCHE STUDIEN GIBT ES?

Gendern – Wahn oder Wissenschaft?
(verfügbar über zdf.de)

Why Don't Women Self-Promote As Much As Men?
(verfügbar über hbr.org)

Frauen auf dem deutschen Arbeitsmarkt
(verfügbar über bertelsmann-stiftung.de)

WIE MACHT SICH EIN UNTERNEHMEN ALS ARBEITGEBER ATTRAKTIV?

Um die Quote von Frauen in Führungspositionen zu erhöhen, können Unternehmen in den entsprechenden Stellenausschreibungen darauf hinweisen, dass eine Offenheit gegenüber Teilzeit, Vollzeit und Jobsharing besteht.

Menschen sind die maßgeblichen Erfolgsfaktoren eines Unternehmens. Um in der modernen Arbeitswelt bestehen zu können, setzen Arbeitgeber vermehrt auf Leadership-Coaching: Ein Führungsstil, geprägt durch Vertrauen, flache Hierarchien sowie Motivieren und Einbeziehen des Teams in Entscheidungsprozesse, ist die Basis einer zeitgemäßen Unternehmenskultur.

Das Thema Work-Life-Balance wird immer wichtiger, nicht nur für Arbeitnehmende, es kommt auch den Unternehmen zugute. Mitarbeitende, die mehr Möglichkeiten zur Selbstbestimmung über ihr Leben haben, fühlen sich bei der Arbeit besser. Firmen können auf dieses Bedürfnis mit Angeboten zum Agilen Arbeiten reagieren: Dazu gehören flexible Arbeitszeiten, Homeoffice, keine Präsenzpflicht.

LERNEN VON DEN BESTEN:
Tipps und Ratschläge, die für unseren Karriereweg hilfreich sein können

WORAUF KOMMT ES AN BEI DER BEWERBUNG?

• Man sollte sich vorher **über den Arbeitgeber informieren** und ein paar Eckdaten zum Unternehmen kennen. Noch wichtiger ist, dass man sich mit der Arbeit und der Firma identifizieren kann. Nur wenn man seinen Job liebt, macht man ihn auch gut.

• Was muss ich mitbringen, wenn ich mich in einem internationalen Unternehmen bewerben will? ❶ **gutes Englisch,** ❷ **intrinsische Motivation.** Ob sich eine Anwärterin wirklich reinhängen will, merkt man oft schon am Handshake. ❸ Nichts gegen Work-Life-Balance, aber Arbeiten sollte man schon auch wollen.

• Den Überblick behalten können, offen sein für Neues, gern auf Menschen zugehen, gut im Netzwerken sein und auch mal **out of the box** denken.

HAND HEBEN ODER WARTEN, BIS ICH GEFRAGT WERDE?

• Für den nächsten Karriereschritt braucht es **keine Erlaubnis.** Es muss sich keine Frau entschuldigen, wenn sie offen kommuniziert, dass sie eine höhere Position einnehmen möchte.

• Um weiterzukommen, braucht man **Chancen.** Aktiv Ausschau halten und dann mutig zugreifen. Sich selbst etwas zutrauen. Und sonst? Analysieren, wo die Selbstzweifel herkommen und welche Glaubenssätze einem von außen eingeredet wurden.

• **Love it oder don't do it:** nie einen Job annehmen, der nur gut fürs Portfolio ist, sondern immer dem Bauchgefühl, seinem Herzen und seiner Leidenschaft folgen.

"

Immer dem Bauchgefühl, seinem Herzen und seiner Leidenschaft folgen.

WIE ZEIGE ICH MEINE PERSÖNLICHKEIT? MUSS ICH MICH VERBIEGEN, UM WEITERZUKOMMEN?

Nein! **Seien Sie authentisch!** Lassen Sie sich in Ihrer Individualität nicht verändern. Am Ende sucht ein Unternehmen vielleicht genau jemanden wie Sie. Überlegen Sie nicht, ob Sie sich anpassen müssen, sondern verändern Sie Ihr Umfeld, damit Sie in Ihrer Einzigartigkeit stark sein können.

• Selbstbewusst auf die **eigenen Stärken** schauen. Damit tun wir Frauen uns oft schwer. Hilfreich: der RealityCheck. Sich von anderen bestätigen lassen, was man alles kann. Das ist oft mehr, als wir selbst glauben.

• Nicht versuchen, jemand anderes zu sein oder eine Rolle zu spielen. Das führt auf Dauer zu nichts. Auf keinen Fall glauben, man müsse die Männer kopieren, um es nach oben zu schaffen. Frauen können, dürfen und sollen ihren **eigenen Weg** gehen.

• Personal Branding gehört dazu, denn das eigene Narrativ schreiben wir selbst. Tipp: zurückblicken auf die letzten zwei, drei Jobs. Was hat man dabei richtig gut gemacht? Hinaustragen, **wer man ist** und welchen Impact man erzielen will.

WIE VERSCHAFFE ICH MIR RESPEKT?

• **Sich nichts gefallen lassen** – gerade in Männerdomänen. Darum: sich keine Aufgaben aufdrücken lassen, die nicht zum eigenen Bereich gehören.

• Als einzige Frau auf der Baustelle? Statt auf Rollenklischees oder blöde Bemerkungen zu achten, sich lieber **aufs Fachliche konzentrieren.** So verschafft man sich Respekt.

NUR MUT! ABER WIE?

• **Gehen Sie Ihren eigenen Weg.** Und wenn ihn vorher noch niemand gegangen ist, seien Sie die Erste.

• Nichts muss für immer sein. Also Entscheidungen lockerer sehen. Daher auch: **mehr Risikofreude.**

• Sind die Schuhe zu groß, haben sie genau die richtige Größe. Heißt: Wer vorankommen will, sollte sich etwas trauen. Den **Mut haben,** ins kalte Wasser zu springen, Chancen zu nutzen und den nächsten Karriereschritt zu gehen.

WAS BRINGT MICH WEITER? WIE GEHE ICH VOR, UM MEINE ZIELE ZU ERREICHEN?

• Ein strategisches Bild vor Augen haben, **klare Fokussierung** und die Fähigkeit, Prioritäten zu setzen. Schwierig wird es, wenn man zu viele Bälle gleichzeitig in der Luft zu halten versucht.

• Hilfe, ein Berg voller Aufgaben. Wie soll man die bloß lösen? Mit **pragmatischem Optimismus:** erst mal einen groben Überblick verschaffen und dann das Gesamte in einzelne Teile zerlegen und Stück für Stück nacheinander abarbeiten.

WIE PERFEKT MUSS ICH SEIN?

• Man muss nicht schon alles von vornherein beherrschen, wenn man eine neue Position antritt. Auch in einer Leading Role sollte **Learning by Doing** das Motto sein. Und keine Angst vor Fehlern. Die sind menschlich und können jedem passieren.

• Wissen nicht vortäuschen, wenn noch keins da ist. Das kommt über kurz oder lang immer heraus. Besser: mit **offenen Karten** spielen, wenn man in einem Bereich noch kein hundertprozentiger Profi ist. Und den Vorgesetzten ein Zeichen geben, wenn man in einem bestimmten Bereich noch mehr lernen möchte.

SCHAFFT MAN ES ALLEIN?

• Allein geht es nicht. Man braucht immer ein **Team,** das einen unterstützt. Dem sollte man aber auch immer Wertschätzung entgegenbringen und sich für dessen Ideen begeistern können.

• Sich **Coaches** suchen, denn mit Unterstützung geht es leichter. Wie man die findet? Gezielt Personen fragen, ob sie Mentorin oder Mentor sein wollen. Das können Kollegen und Kolleginnen sein, aber es ist auch gut, Unterstützer zu haben, die in der Hierarchie höher stehen, weil sie mehr Erfahrung haben.

• Es geht auch günstiger als teure Seminare oder Coachings: einfach mal **online** gucken. Es gibt viele kostenlose Veranstaltungen über LinkedIn oder andere Karriereportale. Da werden umsonst Podcasts, Talks auf Youtube, Webinare oder digitale Kurzseminare angeboten.

> *Überlegen Sie nicht, ob Sie sich anpassen müssen, sondern verändern Sie Ihr Umfeld, damit Sie in Ihrer Einzigartigkeit stark sein können.*

NETZWERKEN – ABER RICHTIG / IST NETWORKING WIRKLICH SO WICHTIG?

• Ohne Netzwerke geht es nicht, darum sollte man sie auch pflegen und sich **bewusst Zeit nehmen** dafür. Und bloß kein schlechtes Gewissen haben, wenn man sich mit anderen Frauen verabredet und zum Lunch trifft. Solche Dates sind genauso wichtig wie ein Geschäftstermin.

• Homogenität ist zwar bequem, bringt einen aber nicht weiter. Also: **Raus aus der eigenen Bubble,** um unterschiedliche Denkweisen kennenzulernen. Wer anders ist als man selbst, kann einen aus der eigenen Komfortzone schubsen und einem helfen, als Person zu wachsen.

• Am Anfang einer Karriere ist es fast noch wichtiger, **wer einen fördert,** als das, was man macht. Man braucht jemanden, von dem man lernt, wie man mit Verantwortung umgeht, aber auch mit Konflikten und schwierigen Situationen.

SO LÄUFT'S AM BESTEN MIT KINDERN UND KARRIERE

• **Familienzeit klar kommunizieren** und für alle transparent im Kalender einstellen. Wenn nicht gerade ein ganz wichtiger Kundentermin ansteht, ist die Zeit für die Kinder nicht verhan-

> „ _Raus aus der eigenen Bubble, um unterschiedliche Denkweisen kennenzulernen._

delbar. Sonst werden Ausnahmen zur Regel.

• **Augen auf bei der Partnerwahl.** Sich vorher mit dem Partner über die Lebensplanung unterhalten: Macht er Karriere und sie bleibt zu Hause? Kümmern sich beide gleichwertig um die Kindererziehung. Geht auch der Vater in Elternzeit? So erlebt man hinterher keine böse Überraschung.

• Wenn Kinder und Arbeit das Wichtigste sind, kommt man selbst oft zu kurz. Gerade wenn man alleinerziehend ist. **Tipp: lernen, mal etwas nur für sich zu machen.** Dabei helfen kleine Rituale: den Tag starten mit einer Runde durch den Park oder abends mit dem Rad durch die Natur – ein guter Ausgleich zum Alltag.

DAS LIEBE GELD – WIE VERHANDELE ICH RICHTIG?

• Frauen verdienen im Schnitt rund 20 bis 30 Prozent weniger als Männer. Tipp: bei Gehaltsverhandlungen von

vornherein **ein Drittel mehr verlangen** als die Summe, die man sich vorgestellt hat. Mehr als ein „Nein" kann nicht passieren.

• Frauen haben oft schon von sich aus niedrigere Gehaltsvorstellungen. Darum: valide **Erkundigungen** einholen. Sich schlaumachen, was andere Männer in vergleichbarer Position verdienen, statt andere Frauen, Freundinnen oder die eigene Mutter zu fragen.

• Finanzen sind Männersache? Falsche Einstellung. Frauen investieren im Durchschnitt weniger häufig am Kapitalmarkt und verdienen weniger als Männer, beides wirkt sich negativ auf den Vermögensaufbau aus. Was hilft? Gezielt nach **Fonds oder Anlagen** gucken, die von Portfoliomanagerinnen betreut werden und sich speziell an Frauen richten.

WAS ZIEHE ICH AN? SIND BUSINESS-OUTFITS NOCH UP TO DATE?

• Müssen schwarze oder dunkelblaue Businesskostüme sein? Nein. Gern mehr **Mut zu Farbe,** Kleidern, modischen Sachen. Fühlt man sich gut, strahlt man auch gleich mehr Selbstbewusstsein aus.

• Die Zeit der strengen Dresscodes im Job ist vorbei. Aber Achtung! Farbe ist immer ein Statement, **auffällige Out-**

> Gezielt nach Fonds oder Anlagen gucken, die von Portfoliomanagerinnen betreut werden und sich speziell an Frauen richten.

fits bieten noch mehr Angriffsfläche, das sollte man gerade am Anfang der Karriere im Hinterkopf behalten.

JOBSHARING INTERESSIERT MICH. WIE GEHE ICH VOR?

1 Sich informieren, wie es im Unternehmen generell mit Doppelspitzen aussieht. Einige Stellen sind explizit als Tandem ausgeschrieben.

2 In der Personalabteilung sein Interesse anmelden. Einige Unternehmen suchen mittlerweile methodisch nach passenden Tandems.

3 Man kann aber auch in der Firma die Fühler ausstrecken und schauen, mit welcher Kollegin oder welchem Kollegen man sich so ein Modell vorstellen könnte.

4 Selbst die Initiative ergreifen und in der Personalabteilung oder der Geschäftsführung den Vorschlag machen.

Auch dann, wenn es das Modell Topsharing bisher in der Firma noch nicht gab.

5 Wer eine Tandemführung anstrebt, sollte gut vorbereitet in die Verhandlungen gehen, Antworten auf mögliche Bedenken der Gegenseite haben und Lösungsvorschläge gleich mitliefern. Auch vorher überlegen, wie man dem Arbeitgeber die Vorteile der Doppelspitze am besten präsentieren kann.

> „Einige Unternehmen suchen mittlerweile methodisch nach passenden Tandems."

KLEINER UMGANGSKNIGGE

Amerikaner und Briten beherrschen die Kunst des Smalltalks perfekt. Wir Deutschen kommen oft ohne Umschweife zu den Hard Facts, und das ist meist: der Beruf. Besser: auch im geschäftlichen Kontext ruhig mal die Person und nicht die Tätigkeit in den Vordergrund stellen. Das kommt international meist besser an und zeigt, dass einen auch der Mensch hinter dem Job interessiert.

> „Auch im geschäftlichen Kontext ruhig mal die Person und nicht die Tätigkeit in den Vordergrund stellen."

UNTERNEHMENS-VERZEICHNIS

ATRUVIA AG
Fiduciastraße 20
76227 Karlsruhe
www.atruvia.de

BRUNATA-METRONA GMBH & CO. KG
Aidenbachstraße 40
81379 München
www.brunata-metrona.de

CADBAUTEAM
Görresstraße 31
80798 München
www.cadbauteam.de

COMPASS INTERNATIONAL GMBH
Epplestraße 5A
70597 Stuttgart
www.compass-international.de

CONGRESS CENTER HAMBURG
Congressplatz 1
20335 Hamburg
www.cch.de

DB SCHENKER EUROPE GMBH
Zentrale Frankfurt am Main
Lyoner Straße 15
60528 Frankfurt am Main
www.dbschenker.com

DEUTSCHER WETTERDIENST
Helene-Weber-Allee 21
80637 München
www.dwd.de

DWS GROUP
Mainzer Landstraße 11–17
60329 Frankfurt am Main
www.dws.de

EGON ZEHNDER INTERNATIONAL GMBH
Alsterufer 3
20354 Hamburg
www.egonzehnder.com

E.ON INHOUSE CONSULTING
Brüsseler Platz 1
45131 Essen
www.eon.com

FINANZ INFORMATIK GMBH & CO. KG
Theodor-Heuss-Allee 90
60486 Frankfurt am Main
www.f-i.de

HENKEL AG & CO. KGAA
Henkelstraße 67
40589 Düsseldorf
www.henkel.de

IBM CONSULTING PUBLIC SECTOR
Mies-van-der-Rohe-Straße 6
80807 München
www.ibm.com

KONZERN VERSICHERUNGSKAMMER
Maximilianstraße 53
80530 München
www.vkb.de

LAKOF/HAW BAYERN
Geschwister-Scholl-Platz 1
80539 München
www.lakof-bayern.de

LUFTHANSA TECHNIK AG
Weg beim Jäger 193
22335 Hamburg
www.lufthansa-technik.com

MAIBORNWOLFF GMBH
Theresienhöhe 13
80339 München
www.maibornwolff.de

MAST-JÄGERMEISTER SE
Jägermeisterstraße 7-15
38302 Wolfenbüttel
www.mast-jaegermeister.de

MAX-PLANCK-INSTITUT FÜR DIE PHYSIK DES LICHTS
Staudtstraße 2
91058 Erlangen
www.mpl.mpg.de

MESSE MÜNCHEN GMBH
Am Messesee 2
81829 München
www.messe-muenchen.de

STADTWERKE MÜNCHEN GMBH
Emmy-Noether-Straße 2
80992 München
www.swm.de

TECHNIKER KRANKENKASSE
Bramfelder Straße 140
22305 Hamburg
www.tk.de

TÜV SÜD AG
Westendstraße 199
80686 München
www.tuvsud.com

WKO INHOUSE GMBH
Karl-Popper-Straße QBC 4
1100 Wien
Österreich
www.wko.at

BILDNACHWEIS:

Seite 6-9:
Sung-Hee Seewald

Seite 10-15:
Grit Siwonia

Seite 16-21:
Karin Volz, Haus für Fotografie

Seite 22:
Raimar von Wienskowski

Seite 232/233:
Brusk Dede, Unsplash

CALLWEY 1884

© 2023 Callwey GmbH
Klenzestraße 36 | 80469 München
buch@callwey.de | Tel.: +49 89 8905080-0
www.callwey.de

Wir sehen uns auf Instagram:
www.instagram.com/callwey

ISBN 978-3-7667- 2666-7 | 1. Auflage 2023

BIBLIOGRAFISCHE INFORMATION DER DEUTSCHEN NATIONALBIBLIOTHEK Die Deutsche Nationalbibliothek verzeichnet diese Publikation in der Deutschen Nationalbibliografie; detaillierte bibliografische Daten sind im Internet über <http://dnb.d-nb.de> abrufbar.

Das Werk einschließlich aller seiner Teile ist urheberrechtlich geschützt. Jede Verwertung außerhalb der engen Grenzen des Urheberrechtsgesetzes ist ohne Zustimmung des Verlages unzulässig und strafbar. Das gilt insbesondere für Vervielfältigungen, Übersetzungen, Mikroverfilmungen und die Einspeicherung und Verarbeitung in elektronischen Systemen.

DIESES BUCH WURDE IN CALLWEY-QUALITÄT FÜR SIE HERGESTELLT: Beim Inhaltspapier haben wir uns für ein MagnoMatt in 150 g/m² entschieden – ein matt gestrichenes Bilderdruckpapier. Die gestrichene, mattierte Oberfläche gibt dem Inhalt einen edlen und hochwertigen Charakter. Die Hardcover-Gestaltung wurde mit einer Mattfolien-Cellophanierung veredelt. Dieses Buch wurde in Europa gedruckt und gebunden bei GRASPO Printing House.

DIE FOTOGRAFIN Lisa Hantke ist eine international arbeitende Fotografin, spezialisiert auf Porträt-, Corporate- und Werbefotografie. Mit ihrem Blick für das Wesentliche schafft sie authentische Bilder mit einem Editorial Touch. Lisas Talent liegt darin, die einzigartige Persönlichkeit und Geschichte jeder Person oder Marke hervorzuheben. Ihre konzeptionelle und strukturierte Vorgehensweise bei Shootings wird besonders geschätzt. Ihre Kreativität, Professionalität, Menschlichkeit, Konstruktivität und Liebe zum Detail machen sie zu einer gefragten Fotografin bei ihrem internationalen Kundenstamm.

DIE AUTORIN Christine Mortag arbeitet als Journalistin, Autorin, Textchefin, Dozentin für Journalismus und hat mehrere Bücher geschrieben. Ihr Spezialgebiet sind Porträts und Interviews aus den Bereichen Film, Literatur, Design, Mode und Lifestyle, die u.a. in der Süddeutschen Zeitung, dem SZ Magazin, Stern, Madame oder Cosmopolitan erschienen sind. Ihre Gespräche mit Hollywoodstars wurden auch international veröffentlicht. Sie war eine mehrfach ausgezeichnete Art-Directorin, bevor sie sich ganz ihrer Leidenschaft, dem Schreiben, widmete und ihre journalistische Karriere als Praktikantin beim Zeitgeist-Magazin Tempo begann.

DER HERAUSGEBER herCAREER ist die Plattform für die weibliche Karriere. Im Fokus stehen ein interaktiver Austausch und ein hierarchieübergreifendes Netzwerken. Mit einer jährlichen Messe, die von einem ausführlichen Storytelling der ausstellenden Unternehmen begleitet wird, dient die Plattform als Diskussionsforum, das besonderes Engagement für Frauen und eine Gender Equality öffentlich macht und gleichzeitig auch den Frauen mit ihrem Engagement untereinander zu mehr Sichtbarkeit verhilft.

VIEL FREUDE MIT DIESEM BUCH WÜNSCHEN IHNEN:
Projektleitung: *Miriam Chisti*
Lektorat: *Constanze Lüdicke*
Schlusskorrektur: *Dr. Birgit Wüller*
Gestaltung & Satz: *Anna Schlecker*
Herstellung: *Oliver Meier*

HINWEIS: Uns ist es ein Anliegen, dass sich alle Geschlechter wahrgenommen und wertgeschätzt fühlen. Im Sinne einer besseren Lesbarkeit der Texte verzichten wir jedoch auf die gleichzeitige Verwendung der Sprachformen männlich, weiblich und divers (m/w/d). Wo dies möglich ist, bemühen wir uns darum, alle Formen miteinzubeziehen, oder um neutrale Formulierungen. Sämtliche Personenbezeichnungen gelten gleichermaßen für alle Geschlechter. Die Freigabe zur fotografischen Abbildung der im Buch gezeigten Kunstwerke in den Unternehmensräumlichkeiten der Protagonistinnen wurde uns von den Protagonistinnen selbst erteilt.

Liebevoll begleitet von Miriam Chisti